Umwelt*freunde* 3

Ein Sachbuch
für die Grundschule

Herausgegeben von
Inge Koch

Cornelsen

Umweltfreunde 3

Herausgegeben von
Inge Koch

Erarbeitet von
Inge Koch und der Cornelsen Redaktion Grundschule

Unter Einbeziehung der Ausgabe von
Ulrike Blumensath-Streidt, Silvia Ehrich, Rüdiger Horn, Inge Koch, Christine Köller

Redaktion
Mareike Hintze

Unter Beratung von
Ulrike Blumensath-Streidt, Cottbus; Anna Reitmaier, Berlin; Fritzi Rothe, Schwielowsee

Illustrationen
Yaroslav Schwarzstein
Uta Bettzieche, Eleonore Gerhaher, Gabriele Heinisch, Peter Kast, Katharina Knebel, Hans Wunderlich

Umschlaggestaltung
Cornelia Gründer, Corngreen GmbH, Leipzig;
Uta Bettzieche (Detektiv und Hund), Cornelsen/tritopp (Schraffur), Eleonore Gerhaher (Covermotiv)

Layoutkonzept
klein & halm, Berlin

Layout und technische Umsetzung
Reemers Publishing Services GmbH, Krefeld

www.cornelsen.de

Soweit in diesem Lehrwerk Personen fotografisch abgebildet sind und ihnen von der Redaktion fiktive Namen, Berufe, Dialoge und Ähnliches zugeordnet oder diese Personen in bestimmte Kontexte gesetzt werden, dienen diese Zuordnungen und Darstellungen ausschließlich der Veranschaulichung und dem besseren Verständnis des Inhalts.

Dieses Werk enthält Vorschläge und Anleitungen für Untersuchungen und Experimente. Vor jedem Experiment sind mögliche Gefahrenquellen zu besprechen. Beim Experimentieren sind die Richtlinien zur Sicherheit im Unterricht einzuhalten.

1. Auflage, 1. Druck 2025

Alle Drucke dieser Auflage sind inhaltlich unverändert und können im Unterricht nebeneinander verwendet werden.

© 2025 Cornelsen Verlag GmbH, Mecklenburgische Str. 53, 14197 Berlin, E-Mail: service@cornelsen.de

Das Werk und seine Teile sind urheberrechtlich geschützt. Jede Nutzung in anderen als den gesetzlich zugelassenen Fällen bedarf der vorherigen schriftlichen Einwilligung des Verlages. Hinweis zu §§ 60 a, 60 b UrhG: Weder das Werk noch seine Teile dürfen ohne eine solche Einwilligung an Schulen oder in Unterrichts- und Lehrmedien (§ 60 b Abs. 3 UrhG) vervielfältigt, insbesondere kopiert oder eingescannt, verbreitet oder in ein Netzwerk eingestellt oder sonst öffentlich zugänglich gemacht oder wiedergegeben werden. Dies gilt auch für Intranets von Schulen und anderen Bildungseinrichtungen.

Der Anbieter behält sich eine Nutzung der Inhalte für Text- und Data-Mining im Sinne § 44 b UrhG ausdrücklich vor.

Druck: H. Heenemann, Berlin

ISBN: 978-3-464-81286-0

PEFC-zertifiziert
Dieses Produkt stammt aus nachhaltig bewirtschafteten Wäldern
PEFC/04-31-1156 www.pefc.de

Inhalt

Kind

In der Schule ... 5
Der Klassenrat tagt ... 6
Alle Kinder haben Rechte ... 8
Lernen als Chance –
Lernen ist ein Kinderrecht ... 10
Sich für Kinderrechte einsetzen ... 12

Medien nutzen ... 13
Medien nutzen und bewerten ... 14
Informationen im Internet
finden ... 16
Wie das Internet gesteuert wird ... 18
Medien gestalten ... 20

Mein Körper ... 21
Wie unser Körper funktioniert ... 22
Essen, trinken und verdauen ... 24
Knochen, Gelenke und
Muskeln ... 26
Die fünf Sinne ... 28
Sehen und tasten ... 30
Hören ... 32
Gelenkmodelle bauen ... 34

Kind

Das tut mir gut ... 35
Tipps für deine Gesundheit ... 36
Trau dich, „Nein" zu sagen ... 38
Ein anstrengender Tag ... 40
Stress? Entspanne dich! ... 42

Miteinander leben ... 43
Familie ist 44
Wie Familien leben ... 46
Feste weltweit ... 48
Aus der Familienschatzkiste ... 50
In anderen Ländern und Zeiten ... 52

Wohnen

Wie wir und andere wohnen ... 53
Haus und Wohnung ... 54
Ein Einfamilienhaus
wird gebaut – der Rohbau ... 56
Ein Einfamilienhaus wird gebaut –
der Innenausbau ... 58
Miteinander im
Mehrfamilienhaus ... 60
Bauen und Wohnen ... 62

Unterwegs in unserem Ort ... 63
Meinen Ort erkunden ... 64
Einen Plan lesen ... 66
Wir wohnen zusammen
in einem Ort ... 68
Füreinander da sein im Ort ... 70
Mitbestimmen im Ort ... 72
Freizeit verbringen ... 74
Wir machen mit ... 76

Wohnen

Wohnen früher 77
Leben in der Steinzeit 78
Die Menschen werden
sesshaft 80
Pfalzen und Burgen im
Mittelalter 82
Ein Dorf im Mittelalter 84
Feuer – Nutzen und Gefahren 86

Markt

Auf Hof und Feld 87
Obst aus Brandenburg 88
Unser Gemüse 90
Tomaten anbauen –
hier und anderswo 92
Vom Korn zum Brot 94
Das Hühnerei 96
Der Weg der Milch 98
Obst, Gemüse und Kräuter 100

Markt

Wir kaufen ein 101
Wo wir einkaufen 102
Wie und was wir einkaufen 104
Im Supermarkt 106
Den Einkauf bezahlen 108
Einen Einkauf transportieren
und auspacken 110
Rund um den Einkauf 112

Glossar 113

Übersicht zur
Rahmenlehrplanpassung
und Farberläuterung 120

In der Schule

1 Was sollen Kinder überall auf dieser Welt lernen?

1 Alle Kinder überlegen sich Antworten auf die Einstiegsfrage. Die Abbildungen auf der Seite liefern Anregungen und Hilfestellungen. Die genannten Beispiele können an der Tafel dokumentiert werden. Im Anschluss werden die Vorschläge begründet und besprochen.

Der Klassenrat tagt

1 Was ist ein Klassenrat? Erkläre.

Aktuelle Themen sollten in eurer Klasse immer gemeinsam besprochen werden. Das ist wichtig für ein gutes Miteinander. Damit solche Beratungen einen festen Platz finden, könnt ihr einen Klassenrat gründen. Der Klassenrat ist eine Versammlung der Kinder einer Klasse. Hier werden Themen beraten, die alle angehen. Alle können ihre Meinung einbringen. Entscheidungen werden gemeinsam getroffen.

2 Was müsst ihr vor der Gründung eines Klassenrates klären?

Ich mache den Zeitwächter.

3 Welche Ämter gibt es im Klassenrat?

Wann tagt der Klassenrat?

Wo versammeln wir uns?

Wer bestimmt die Themen?

Wie halten wir die Ergebnisse fest?

Wer kontrolliert die Beschlüsse?

4 Diese Regeln wurden in Alis und Enas Klasse festgelegt.
Entscheidet nach einer eigenen Klassenrat-Sitzung:
Welche Regeln findet ihr gut? Welche möchtet ihr ergänzen?

Regeln für den Klassenrat

- Ich melde mich, wenn ich etwas sagen möchte.
- Ich höre den anderen aufmerksam zu.
- Ich erkenne auch die Meinungen anderer Kinder an.
- Ich lache niemanden aus.
- …

5 Sammelt Themen für euren Klassenrat.
Schreibt eine Woche lang auf Zettel in verschiedenen Farben.
Am Ende der Woche beratet ihr im Klassenrat über einige Themen.

4 Die Regeln lesen, ergänzen und ggf. auf einem Plakat festhalten. 5 Die Beispiele auf der Tafel lesen und eine Woche lang eigene Anliegen für den Klassenrat auf Zetteln notieren. Besprechen, welche Themen grundsätzlich im Klassenrat zur Sprache kommen sollten.

AH S. 4/5

Alle Kinder haben Rechte

1 Recht bedeutet: Dir steht etwas zu, was dir nicht verweigert werden darf. Das Bild zeigt, welche Rechte alle Kinder in der Welt haben sollen. Benenne sie.

2 Überlege: Was könnten die einzelnen Rechte bedeuten? Finde Beispiele.

Recht auf...

- Schutz vor Krieg
- Schutz vor Misshandlung
- Gesundheit
- Gleichheit
- Leben
- Bildung
- elterliche Fürsorge
- Meinungsfreiheit
- Spiel und Freizeit
- Betreuung bei Behinderung
- gewaltfreie Erziehung

Hab' ich das Recht, meine Meinung zu sagen?

1 Kinderrechte heute erfassen. Die einzelnen Rechte mithilfe der Abbildung benennen. (z.B. Recht auf Gleichbehandlung, Recht auf Schutz vor Misshandlung, Gewalt und Krieg, Recht auf Bildung...). **2** Vermuten, was die einzelnen Rechte bedeuten und Beispiele finden.

3 Erkläre: Wie sind die Kinderrechte entstanden?

Die **Vereinten Nationen** sind eine Organisation, der fast alle Staaten der Erde angehören. Ein Ziel des Zusammenschlusses ist die Erhaltung des Friedens auf der Welt. 1989 stimmten die Mitglieder einem Vertrag über die Rechte von Kindern zu.

Die englische Bezeichnung für Vereinte Nationen lautet: United Nations, abgekürzt: UN. Deshalb heißt der Vertrag auch: **UN-Kinderrechtskonvention**.

Fast alle Staaten der Welt haben den Vertrag unterzeichnet.
Sie versprechen, dass die Kinder in ihrem Land die Rechte erhalten.
Es gibt viele Hilfsorganisationen, die sich für die Rechte von Kindern einsetzen.

4 Heute werden noch immer Rechte von Kindern verletzt.
Welche Kinderrechte werden in den Beispielen verletzt?

3 Mithilfe des Textes erklären, wie Kinderrechte entstanden sind. **4** Die Abbildungen betrachten und erklären, welche Kinderrechte jeweils verletzt werden (Recht auf Gesundheit, Recht auf Betreuung bei Behinderung, Recht auf Gleichheit).

Lernen als Chance – Lernen ist ein Kinderrecht

1 Das sagen die Kinder einer 3. Klasse über das Lernen.
Besprecht: Warum ist Lernen für euch wichtig?

"Ich strenge mich in der Schule an. Ich will mal Tierärztin werden."

"Lernen ist manchmal stressig, aber nicht in Mathe. Mathe mag ich."

"Mama sagt immer: „Wenn du was nicht weißt, kannst du fragen. Und wenn du was nicht kannst, probiere es solange, bis du es kannst.""

"Ich finde Schule toll. Ich mag die Lehrer und die Kinder in meiner Klasse."

"Hausaufgaben machen mir keinen Spaß."

2 Erkläre: Was bedeutet das Recht auf Bildung in Deutschland?

- Jedes Kind in unserem Land hat das Recht und auch die Pflicht, in die Schule zu gehen. Es gilt die allgemeine Schulpflicht.

- Der Besuch der Schule darf nichts kosten. In den staatlichen Schulen in Deutschland bezahlen die Eltern kein Geld. Es gibt auch Privatschulen. Hier zahlen die Eltern Schulgeld.

- Die Kinder müssen in den Schulen gleich behandelt werden.

- Lehrer und Schüler gehen respektvoll miteinander um.

INTERESSANT

Die Schulpflicht gibt es in ganz Deutschland erst seit etwas mehr als 100 Jahren.

---

1 Lernen als Kinderrecht begreifen und verschiedene Aspekte mithilfe der Abbildungen beschreiben.
2 Erklären, was das Recht auf Bildung in Deutschland bedeutet (Schule als Pflicht und Privileg, Pflicht zur Gleichbehandlung, respektvoller Umgang zwischen Lehrern und Schülern).

3 Drei Kinder in anderen Ländern erzählen von ihrem Schulalltag. Suche dir ein Kind aus. Gib wieder, was es berichtet.

Jesse in Australien

Ich wohne auf einer Farm im **Outback**. Die nächste Stadt mit einer Schule ist acht Autostunden von uns entfernt. Deshalb habe ich bei mir zu Hause Online-Unterricht, genau wie die anderen sieben Kinder in meiner Klasse.

Lesedi in Namibia

Ich brauche zwei Stunden bis zur Schule – zu Fuß. Der Unterricht ist bis zur 5. Klasse in meiner Sprache Oshivambo. Ab der 5. Klasse wird in Englisch unterrichtet. Einige Kinder gehen nur 7 Jahre in die Schule. Sie müssen ihren Eltern bei der Arbeit helfen.

Liu in China

Bei uns beginnt der Unterricht mit Frühsport. Unser Schultag dauert von 7:30 Uhr bis 16:00 Uhr. Mittags haben wir zwei Stunden Pause. Der Schreibunterricht ist schwierig, denn bis zum Ende der Grundschulzeit müssen wir etwa 2.000 Schriftzeichen lernen!

4 Vergleiche die Erzählungen der Kinder mit deinem Schulalltag.

---

3 Die verschiedenen Schulalltage der Kinder in den Ländern beschreiben. **4** Kriterien zur Unterscheidung zum deutschen Schulalltag anwenden. Begreifen, dass unterschiedliche Umsetzungen von Lernen als Kinderrecht möglich sind.

FREUNDESEITE

Sich für Kinderrechte einsetzen

A **Malala-Tag am 12. Juli**
Finde heraus, wozu Malala aufrief. Nutze das Internet.

Am 12. Juli 2013 hielt die damals 16-jährige Malala Yousafzai eine Rede vor den Vereinten Nationen. Der Tag wurde zum „Malala-Tag" erklärt.

B **Ein Recht?**
Diskutiert.

Ich habe das Recht, meine Füße auf den Tisch zu legen.

Was meint ihr dazu?
Begründet eure Antwort.

C **Aktionsidee „Kinderrechte"**
Gestaltet eine Aktion zum Thema „Kinderrechte" in der Klasse.

So könnt ihr die Kinder eurer Klasse oder Schule zur Aktion „Kinderrechte" anregen. Wählt aus und gestaltet.

Ein großes Plakat mit Bildern und Texten zu Kinderrechten aushängen.

Eine Tafel aufstellen und Kinder bitten, aufzuschreiben, welche Rechte sie sich wünschen.

Einen Baum mit euren Wünschen für alle Kinder der Welt schmücken.

Medien nutzen

1 Welche Medien benutzt du?

1 Alle Kinder überlegen sich Antworten auf die Einstiegsfrage. Die Abbildungen auf der Seite liefern Anregungen und Hilfestellungen. Die genannten Beispiele können an der Tafel dokumentiert werden. Im Anschluss kann berichtet werden, was am jeweiligen Medium gefällt.

Medien nutzen und bewerten

1 Wozu nutzt du welches Medium? Berichte.

Medien geben durch Schrift, Bild und Ton Informationen an uns weiter.
Wir nutzen sie zum Lernen, zur Unterhaltung und zum Kontakt mit anderen.

Wir lesen:	eine Zeitung, ein Buch, ein Plakat, Chat-Nachrichten …
Wir hören:	Sprache und Musik im Radio, Hörspiele, Podcasts …
Wir hören und sehen:	Sprache, Musik und Bilder im Fernsehen …
Wir sprechen:	ins Smartphone …
Wir schreiben:	E-Mails, Briefe, Chat-Nachrichten …

Wichtige Medien:

- PC (Computer)
- Tablet-PC
- Smartphone
- Telefon
- Spielkonsole
- Fernseher
- CD-/DVD-Spieler
- Radio
- Buch
- Tageszeitung
- Zeitschrift

2 Im Alltag begegnen uns fast überall Medien. Wir nehmen ständig Botschaften auf. Welche Medien entdeckst du im Bild?

3 Die Kinder sprechen über Computerspiele. Welche Kinder berichten von guten, welche von schlechten Erfahrungen?

Emil

> Ich habe mich beim Spielen einmal sehr erschrocken. Es war ziemlich brutal und auf keinen Fall für mein Alter geeignet.

> Ich finde es toll, wie manche Spiele gestaltet sind. Vielleicht möchte ich später auch mal Game-Designerin werden.

Frieda

Oskar

> Computerspielen kann süchtig machen. Mein Bruder hat eine Zeit lang nichts anderes mehr gemacht. Wir mussten ihn sogar ans Essen erinnern!

> Bei vielen Computerspielen kann man aber auch etwas lernen. Ich mag zum Beispiel Spiele, in denen Rätsel gelöst werden müssen.

Lenka

Caro

> Letztens habe ich aus Versehen mit nur einem Klick eine neue Welt im Spiel gekauft. Das war versteckte Werbung im Computerspiel! Meine Eltern fanden das gar nicht toll.

> Mein Lieblingsspiel kann ich sogar zusammen mit meinen Freunden spielen. Über das Internet sind wir miteinander verbunden.

Valentin

4 Überlegt, welche Tipps ihr den Kindern geben würdet. Gestaltet ein Plakat mit Regeln für sichere Mediennutzung.

Informationen im Internet finden

1 Wie funktioniert die Suche in einer Kinder-Suchmaschine? Lies die Anleitung und betrachte die Startseite.

1. Starte den Browser, das ist das Programm zum Surfen im Internet. In die Adresszeile oben gibst du den Namen der Suchmaschine ein, zum Beispiel www.Sherlock-fragen.Beispiel.corn

Hast du mich gesucht?

2. Du überlegst dir, was du wissen willst. Zum Beispiel:

Was fressen Störche?

3. Tippe einen Suchbegriff aus deiner Frage in das Suchfeld: **Störche.** Du kannst auch mehrere Begriffe eingeben. Zum Beispiel: **Störche Nahrung**

4. Klicke auf „Suche" oder auf die Lupe.

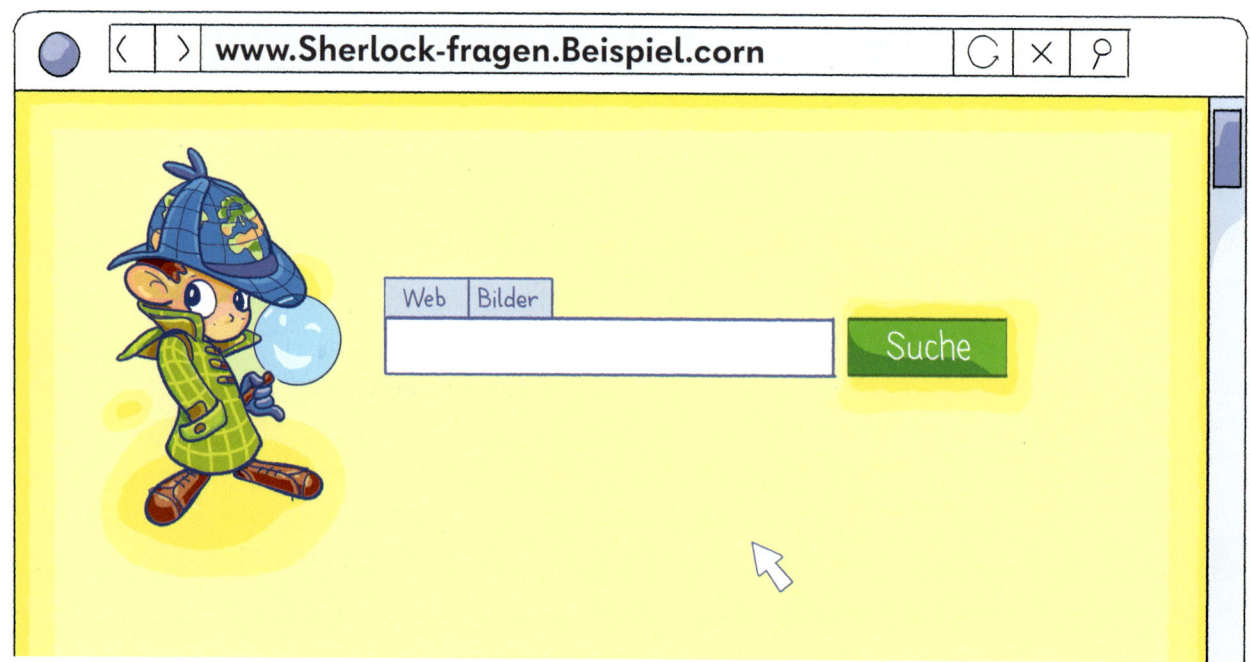

1 Verstehen, wie man mithilfe einer Suchmaschine an bestimmte Informationen im Internet gelangt (Die Internet-Adresse auf der abgebildeten Webseite ist fiktiv). Darüber sprechen, warum es extra Suchmaschinen für Kinder gibt. Passende Suchbegriffe für Themen überlegen, über die man etwas herausfinden möchte.

2 Probiere die Suche in einer Kinder-Suchmaschine selbst aus. Beachte dabei diese Tipps zur Auswahl der Suchergebnisse.

- Wähle aus der Liste mit Internetseiten ein Suchergebnis aus und klicke es an.

- Überlege:
  Beantworten die Informationen auf dieser Seite meine Frage?
  Reichen die Informationen aus?
  Wenn ja, kannst du die Informationen auch speichern oder ausdrucken, zum Beispiel für eine Präsentation.

- Wenn du mit dem Suchergebnis nicht zufrieden bist, gehst du zurück und wählst ein anderes aus.

- Du kannst deine Suchbegriffe nochmal ändern.
  Achte immer auf die Rechtschreibung.
  Probiere auch einmal mehrere passende Suchbegriffe aus:
  Störche   Nahrung   Futter   Fressen

Im Internet sind auch Informationen zu finden, die nicht stimmen. Nutze deshalb bekannte Kinder-Suchmaschinen. Sie verweisen auf vertrauenswürdige Webseiten.

3 Informiert euch über den „Internet-Führerschein" und testet euer Wissen. Tauscht euch aus:

Was hast du Neues gelernt?   Warum ist solch ein Führerschein sinnvoll?

---

2 Eine Internetsuche selbst ausprobieren. Informationskasten: Beachten, dass auch fehlerhafte Beiträge und Falschmeldungen im Internet stehen. Deshalb verlinkte Webseiten von renommierten Kindersuchmaschinen benutzen. **3** Mithilfe des Internetführerscheins die Medienkompetenz stärken.

Wie das Internet gesteuert wird

1 Hast du eine dieser Situationen selbst schon einmal erlebt?

Guck mal, noch so ein witziges Video. Lass uns das auch noch schauen!

Eine Eismaschine! Die ist ja cool. Die wünsche ich mir zum Geburtstag!

Mira, Emilio und Ida schauen seit Stunden Videos im Internet. Immer wieder wird ihnen ein neues witziges Video vorgeschlagen. Sie können das Tablet einfach nicht weglegen.

Marie hat gerade im Internet gesucht, wie man selbst Eiscreme herstellen kann. Nun bekommt sie Werbung für eine Eismaschine angezeigt.

2 Wie werden wir im Internet beeinflusst?
Lies den Text und erkläre es mithilfe der Beispiele aus Aufgabe 1.

Es ist oft kein Zufall, was dir im Internet angezeigt wird. Denn alles, was du dir ansiehst, wird gespeichert. Daraus werden deine Vorlieben, Wünsche und Interessen abgeleitet.
Mit diesen Informationen arbeiten Video-Plattformen, soziale Netzwerke und auch die Werbung. Lustige Videos lenken dich ab und halten dich lange auf den Plattformen. Manchmal werden dir auch Produkte vorgeschlagen, die zu dir passen. Auf diese Weise sollst du zum Kaufen verleitet werden.

1 + 2 Die zwei Situationen beschreiben und interpretieren. Sich bewusst werden, dass viele Internetplattformen um unsere Aufmerksamkeit buhlen. Nach Anklicken von Videos werden thematisch ähnliche angeboten. Auf Basis unserer Suchbegriffe erhalten wir auf uns zugeschnittene Werbung.

3 Lest den Text gemeinsam. Sprecht in der Klasse darüber, was ein Algorithmus ist.

Computer werden von Befehlen gesteuert, die Schritt für Schritt ausgeführt werden müssen. Sie teilen dem Computer mit: „Wenn du dies gemacht hast, dann mache als Nächstes das."

Man nennt diese Kette von Befehlen **Algorithmus**.

Einfach gesagt: Ein Algorithmus ist wie eine Anleitung. Er beschreibt die Schritte, die ein Computer ausführen muss, um eine bestimmte Aufgabe zu lösen.

Algorithmen steuern auch, welche Werbung dir im Internet angezeigt wird.
Der Algorithmus dahinter funktioniert so: „Wenn du dir oft Fußball-Videos ansiehst, dann könnten auch Fußballschuhe für dich interessant sein."

Du kannst dir einen Algorithmus wie eine Kochanleitung vorstellen.

1. Topf mit Wasser füllen
2. Topf auf den Herd stellen
3. Herd einschalten
4. 1 Esslöffel Salz und Nudeln ins kochende Wasser geben
5. 12 Minuten kochen lassen

4 Wie würde der Algorithmus für die alltägliche Tätigkeit „Händewaschen" aussehen? Nennt euch gegenseitig die einzelnen Schritte. Achtet auf genaue Formulierungen.

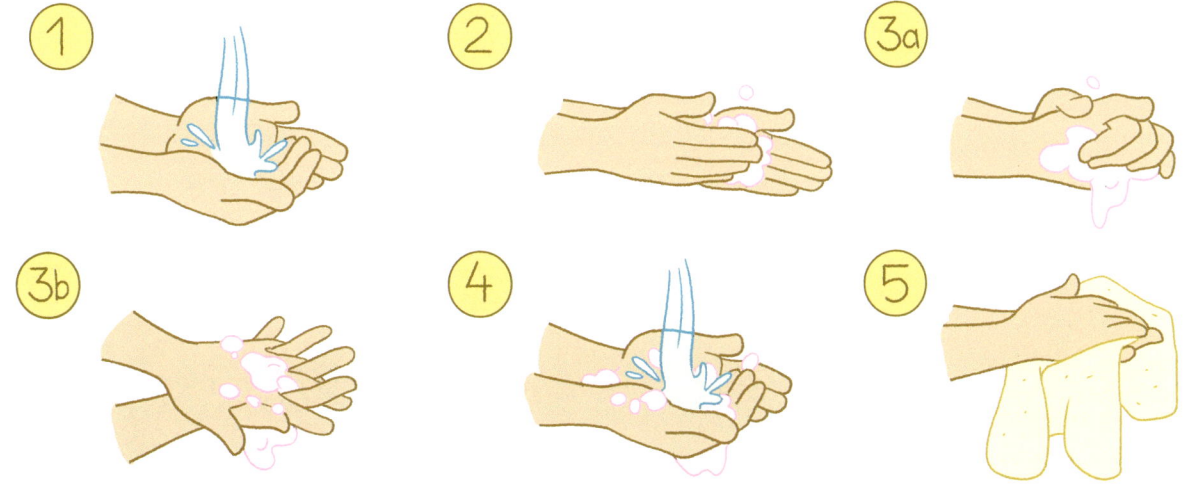

FREUNDESEITE

Medien gestalten

A **Momente festhalten**

Medien können dazu dienen, besondere Ereignisse festzuhalten: für euch selbst, für eure Klasse oder für andere.
Gestaltet ein eigenes Medium. Nutzt dazu diese Ideen:

B **Neues verkünden**

Gestaltet eine Wandzeitung. Auf ihr könnt ihr Neuigkeiten, Termine und Sonstiges bekannt gegeben.

A Medien kreativ verwenden. Entscheiden, welches Medium in Gruppen gestaltet werden soll. Aufwand, Materialien und Zuständigkeiten besprechen. **B** Wandzeitungen bieten viele Gestaltungsmöglichkeiten. Im Beispiel werden Termine, Neuigkeiten und Sonstiges für einen Monat bekannt gegeben.

Mein Körper

1 Wie nehmen wir unsere Umwelt wahr?

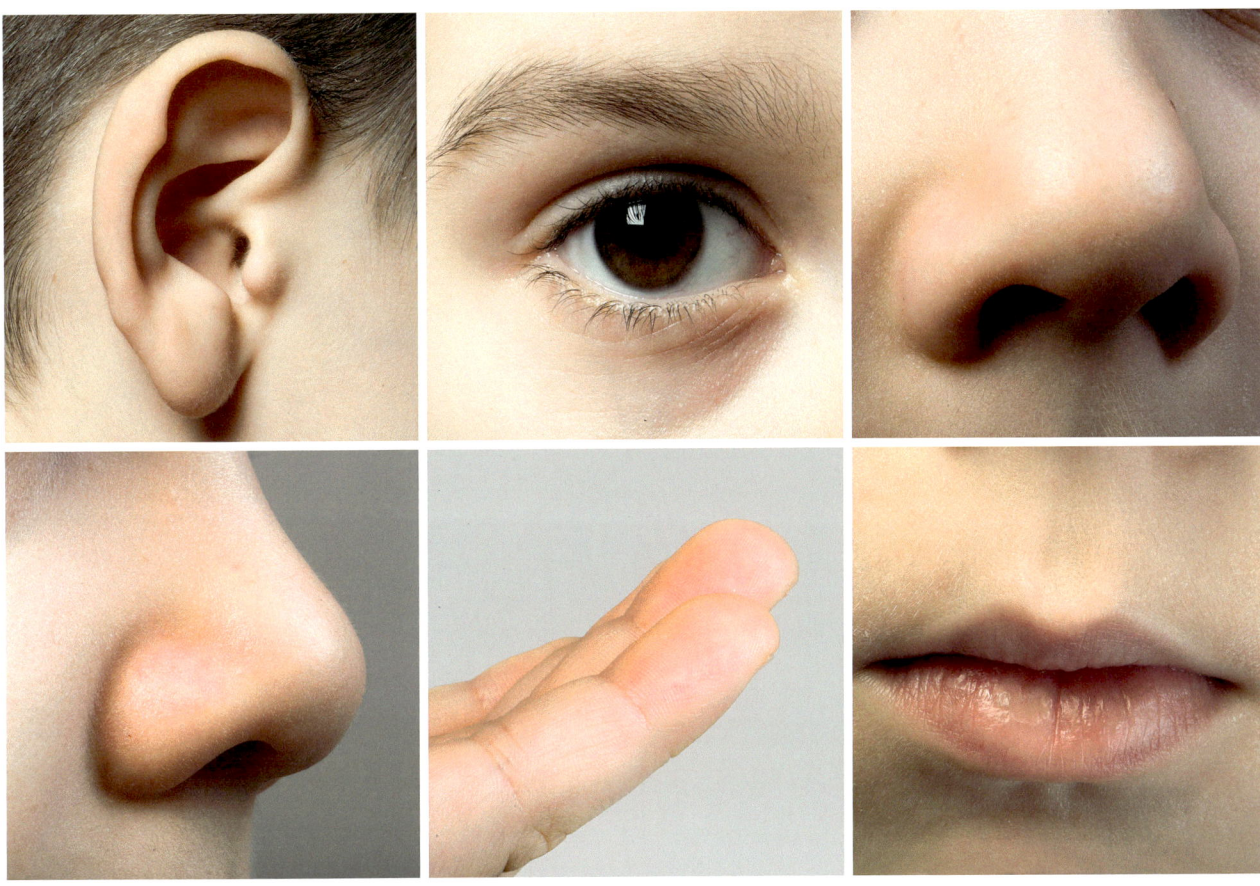

Mit allen Sinnen genießen.

1 Alle Kinder überlegen sich Antworten auf die Einstiegsfrage. Die Abbildungen auf der Seite liefern Anregungen und Hilfestellungen. Die genannten Beispiele können an der Tafel dokumentiert werden. Im Anschluss werden die genannten Medien besprochen.

Wie unser Körper funktioniert

1 Betrachte die Bilder und vermute: Zu welcher Körper-Funktion gehören unsere Knochen? Wozu unser Gehirn?

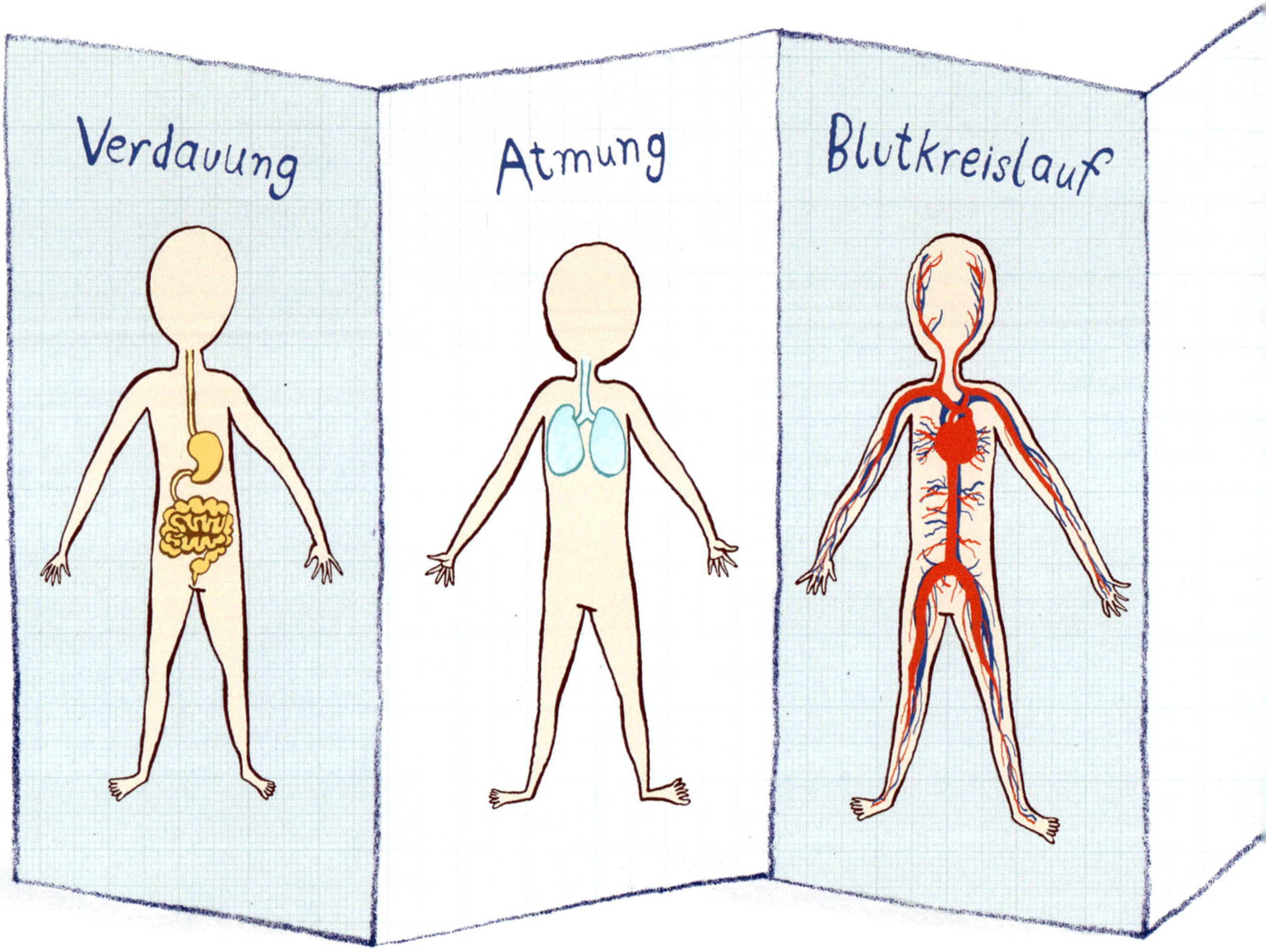

Verdauung

Deine Nahrung wird im Körper verdaut.
Sie enthält **Nährstoffe**, die über das Blut zu allen Körperteilen gelangen.
So erhält der Körper Baustoffe für das Wachstum und Energie für das Denken oder die Bewegung.

Atmung

Wenn du einatmest, strömt Luft in deine Lunge. In der Luft ist **Sauerstoff**. Er gelangt ins Blut und wird zu allen **Zellen** des Körpers befördert. Dort werden mit Hilfe des Sauerstoffs die Nährstoffe zu Energie umgewandelt. Tiefes Atmen beruhigt.

Blutkreislauf

Das Herz pumpt Blut durch deinen Körper. Es fließt in Adern in einem Kreislauf. Über das Blut wird der Körper mit Sauerstoff und Nährstoffen versorgt. Blut verteilt die Wärme im Körper, wehrt Krankheiten ab und heilt Wunden.

1 Mithilfe der Abbildung Körperfunktionen (Verdauung, Atmung, Blutkreislauf, Bewegung, Nervensystem, Sinne) im Ansatz kennenlernen. Erkennen, dass die Knochen dem Skelett und das Gehirn dem Nervensystem zugeordnet werden müssen.

2 Lies die Texte und schreibe alle unbekannten Wörter auf. Finde Erklärungen dafür.

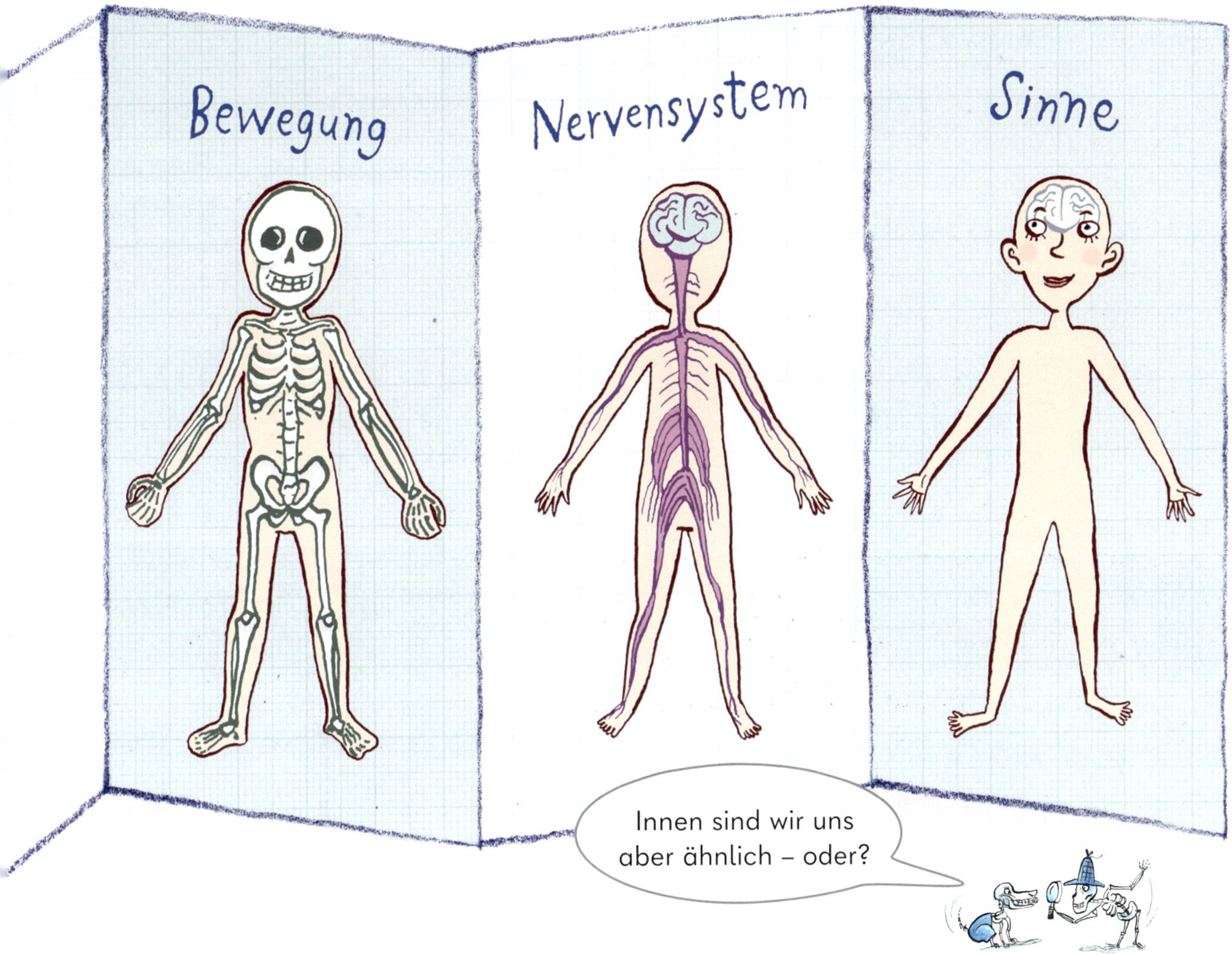

Bewegung

Nervensystem

Sinne

Innen sind wir uns aber ähnlich – oder?

Das Skelett stützt und schützt deinen Körper. Es gibt ihm Halt. Das Skelett besteht aus über 200 **Knochen**, die durch **Muskeln** und Gelenke miteinander verbunden sind. So kannst du dich in viele Richtungen bewegen.

Dein Gehirn sammelt Informationen, die dein Körper von außen und innen erhält. Es ist über ein Nervennetz mit allen Körperteilen verbunden. Es steuert alle Körperteile und **Organe**. Es sorgt dafür, dass jedes Organ funktioniert.

Mit unseren Sinnesorganen Haut, Auge, Ohr, Nase und Mund nehmen wir Informationen aus unserer Umwelt auf. Diese werden über Nerven an das Gehirn geleitet und dort verarbeitet. So merken wir, was um uns herum geschieht.

3 Könnten wir ohne eine dieser Körperfunktionen leben? Diskutiert am Beispiel Fußball spielen oder Turnen.

Essen, trinken und verdauen

1 Die Ernährungspyramide zeigt mithilfe der Ampelfarben, wie du dich gesund ernähren kannst. Was entdeckst du alles?

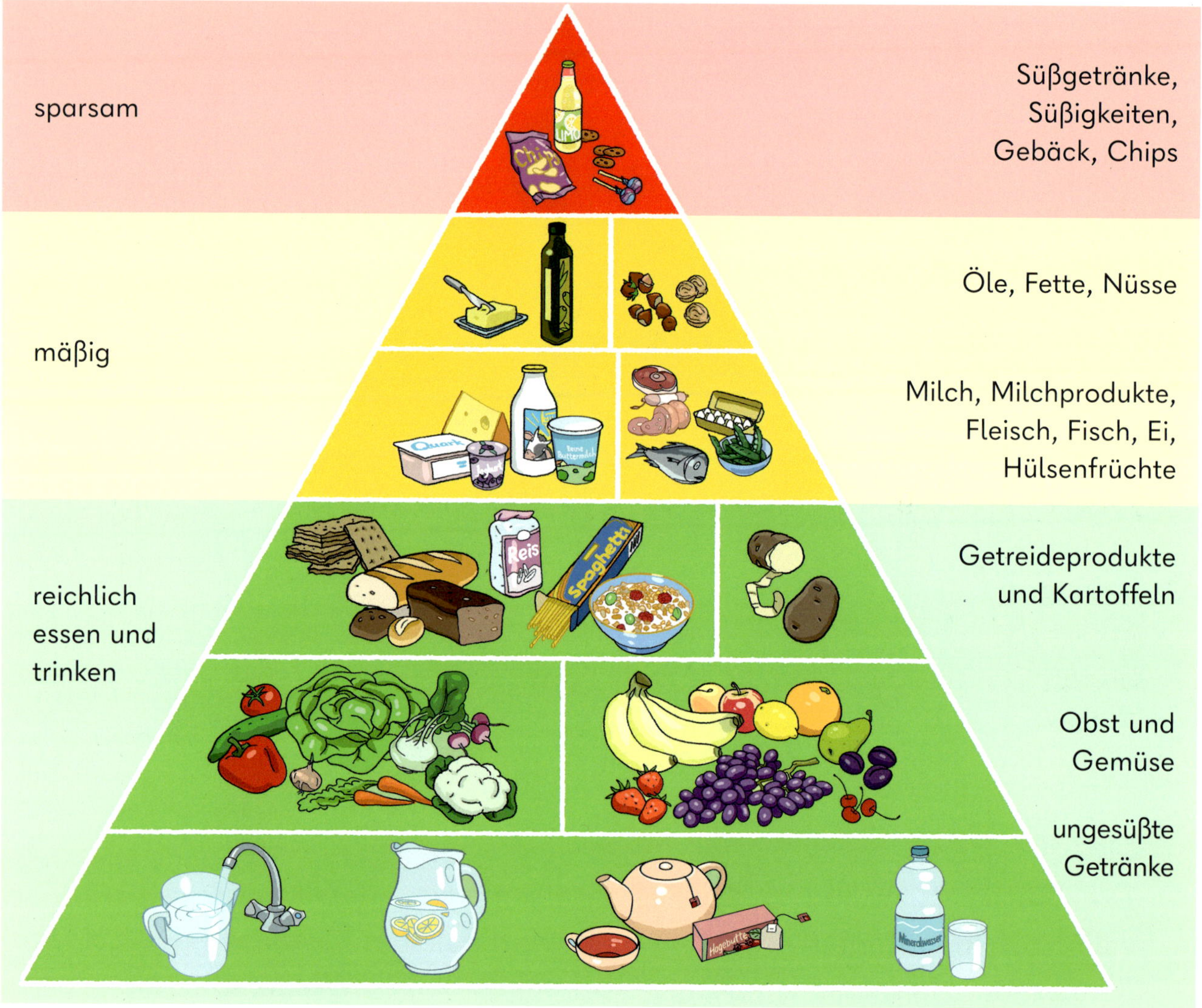

sparsam	Süßgetränke, Süßigkeiten, Gebäck, Chips
mäßig	Öle, Fette, Nüsse
	Milch, Milchprodukte, Fleisch, Fisch, Ei, Hülsenfrüchte
reichlich essen und trinken	Getreideprodukte und Kartoffeln
	Obst und Gemüse
	ungesüßte Getränke

2 Warum ist es nicht egal, was du isst?

Lebensmittel enthalten Nährstoffe. Wenn du isst oder trinkst, gelangen sie über das Blut zu allen Zellen deines Körpers. Nährstoffe sind wichtig für das Wachstum. Sie liefern auch Energie für das Denken oder die Bewegung. Lebensmittel enthalten unterschiedliche Nährstoffe. Darum ist eine abwechslungsreiche Ernährung wichtig.

Zucker, Fette und Salze können dem Körper jedoch schaden, wenn er zu viel davon erhält. Deshalb solltest du süße Snacks und gesüßte Getränke nur ab und an zu dir nehmen.

1 Die Bauform einer Pyramide besprechen. Die stufenartige Anordnung der Ernährungspyramide und die drei Farben mit den empfohlenen Verzehrmengen in Bezug setzen. **2** Begleitend zur Aufgabe zwei, drei Nährstoffe eines Lebensmittels kennenlernen und erfahren, was sie bewirken.

AH S. 10/11

3 Was passiert im Körper mit der Nahrung?

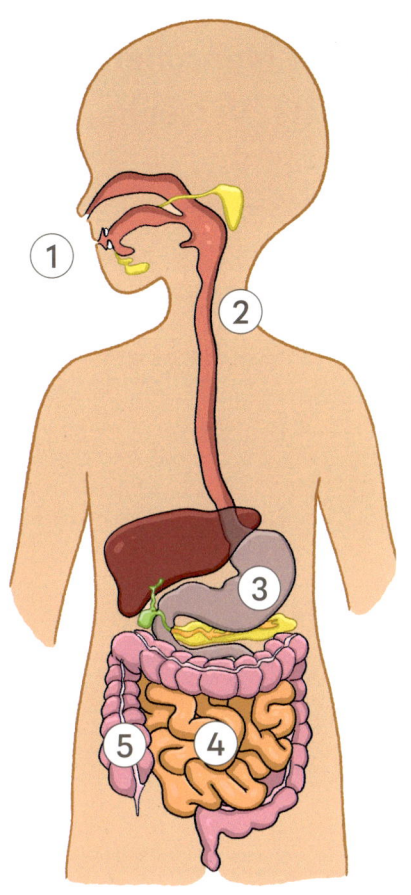

① Im **Mund** wird die Nahrung zerkaut und mit Speichel vermischt.

② Der Nahrungsbrei gelangt durch die **Speiseröhre** in den Magen.

③ Im **Magen** wird die Nahrung durch den Magensaft weiter zerkleinert.

④ Nun ist die Nahrung im **Dünndarm** angekommen. Durch winzige Öffnungen in der Darmwand gelangen Nährstoffe in das Blut. Das Blut bringt sie zu allen Zellen des Körpers.

⑤ Im **Dickdarm** wird dem Rest der Nahrung Wasser entzogen. Der Rest wird fester und als Kot über den After ausgeschieden.

4 Lies die beiden Texte. Erkennst du einen Zusammenhang?

Lebensmittel enthalten Vitamine. Das sind Nährstoffe, die der Körper braucht. Manches Obst und Gemüse hat viel Vitamin C:

Zitronen

Sauerkraut

In früheren Jahrhunderten starben viele Seeleute an einer rätselhaften Krankheit.
Seeleute waren oft monatelang unterwegs. Sie aßen Schiffszwieback oder Pökelfleisch. Auf den Schiffen gab es kein Obst oder Gemüse. Der englische Seefahrer James Cook verordnete seiner Mannschaft jedoch Sauerkraut und Zitronensaft.

Warum blieb Cooks Mannschaft von der tückischen Krankheit verschont?

---

3 Erfahren, dass im Körper Nährstoffe aus der Nahrung „herausgefiltert" und unverdaute Nahrungsreste ausgeschieden werden. **4** Anhand einer historischen Begebenheit die Bedeutung von Vitamin C erkennen. Heute ist bekannt, dass zwischen 1600 und 1800 viele Seeleute an der Vitaminmangelkrankheit Skorbut litten.

AH S. 10/11

Knochen, Gelenke und Muskeln

1 Das Bild zeigt das Skelett eines Menschen.
Ertaste Knochen deines Skeletts. Versuche, sie zu benennen.

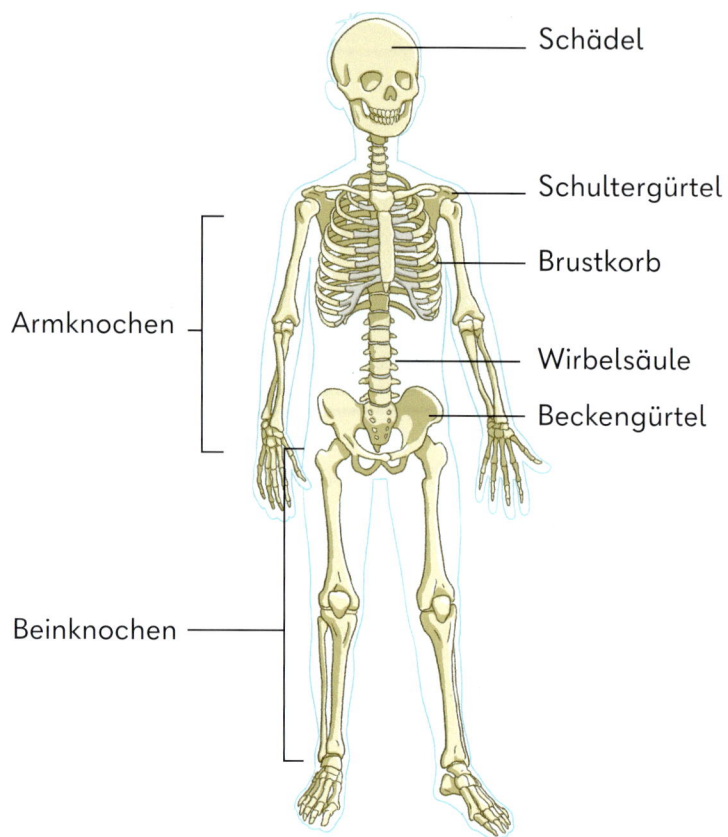

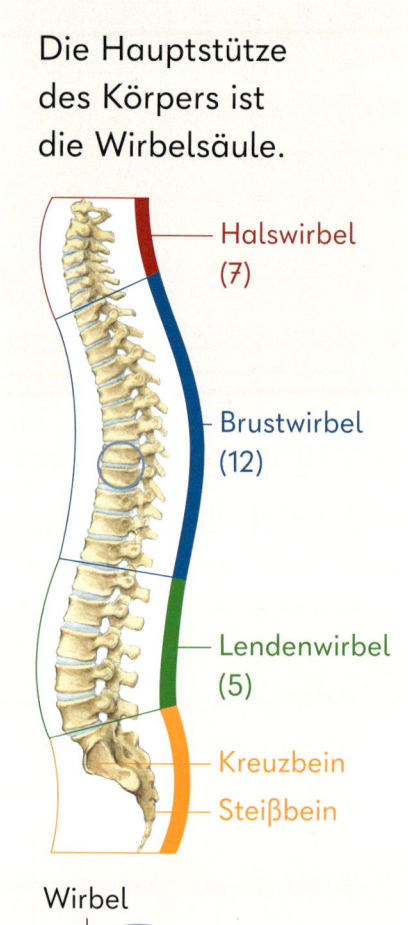

Die Hauptstütze des Körpers ist die Wirbelsäule.

2 So schonst du die Wirbelsäule. Achte darauf:

beim Sitzen | beim Tragen | beim Heben

1 Die Knochen benennen. Das Skelett wird auch „Knochengerüst" genannt: Es ist ein Gerüst, das unser Gewicht trägt und die inneren Organe schützt. Infokasten: Die Wirbelsäule, die sich vom Schädel bis zum Becken erstreckt, im Detail betrachten. **2** Auf eine rückenfreundliche Haltung bei Alltagsbewegungen achten.

AH S. 12/13

3 Wozu sind Gelenke und Muskeln da? Erkläre.
Finde durch Bewegungen heraus, wo sich Gelenke befinden.

Gelenke

Knochen sind durch Gelenke miteinander verbunden. Gelenke sorgen für die Beweglichkeit des Skeletts. Eine Knorpelschicht und Gelenkflüssigkeit verhindern, dass die Knochen aneinanderreiben.

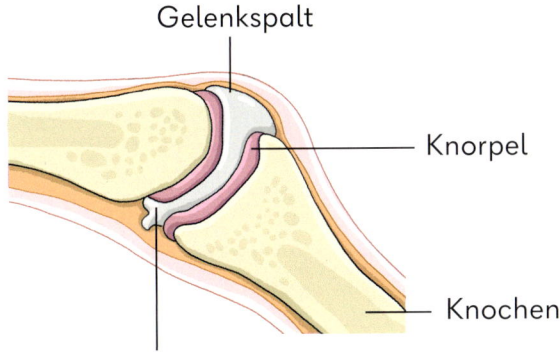

Gelenke haben verschiedene Formen und ermöglichen unterschiedliche Bewegungen. Hier siehst du zwei Beispiele.

Das Kniegelenk ist ein **Scharniergelenk**. Du kannst das Knie beugen und strecken.

Das Schultergelenk ist ein **Kugelgelenk**. Du kannst den Arm in unterschiedliche Richtungen drehen.

Muskeln

Damit sich der Körper bewegen kann, sind auch Muskeln notwendig. Sehnen verbinden Muskeln und Knochen. Wenn du den Arm ein paarmal beugst und streckst, kannst du die Muskeln im Oberarm spüren.

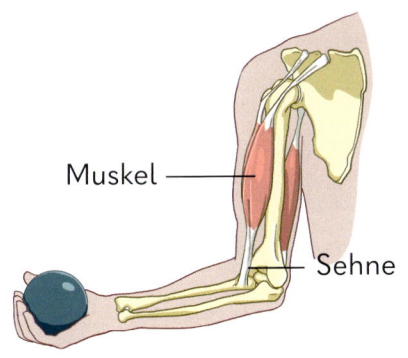

4 Überlege:

- Was kannst du dank deiner Gelenke und Muskeln alles machen?
- Was passiert, wenn Muskeln nicht trainiert werden?

Die fünf Sinne

1 Findet heraus, wozu die Sinnesorgane fähig sind.

Unsere Sinnesorgane nehmen Informationen aus unserer Umgebung auf. Die Informationen werden über Nerven an das Gehirn weitergeleitet und dort verarbeitet. So können wir sehen, hören, schmecken, etwas riechen und ertasten.

Sehen: Mit den **Augen** siehst du Farben und Formen; du nimmst Größen, Entfernungen und Bewegungen wahr. Das linke Auge erfasst ein leicht anderes Bild als das rechte Auge. Das Gehirn setzt die beiden Bilder zusammen.

Strecke einen Arm aus und halte den Daumen hoch. Kneife ein Auge zu und merke dir zwei, drei Sachen, die du hinter dem Daumen wahrnimmst. Öffne das Auge und kneife das andere zu. Merkst du, wie der Hintergrund hin und her springt?

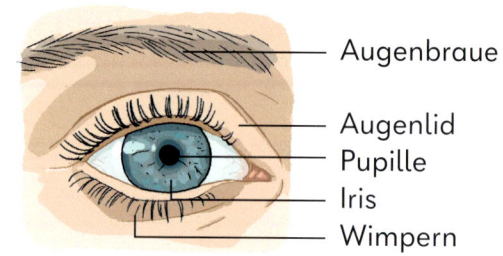

- Augenbraue
- Augenlid
- Pupille
- Iris
- Wimpern

Hören: Mit den **Ohren** nimmst du Töne, Klänge und Geräusche wahr. Der Mensch kann Tausende von Geräuschen voneinander unterscheiden.

Gebt Erbsen, Münzen und andere kleine Dinge in zehn gleich aussehende Döschen. Achtet darauf, dass je zwei Döschen denselben Inhalt haben. Ein Kind wählt zwei Döschen aus und schüttelt sie nacheinander. Klingen sie gleich oder unterschiedlich? Und womit sind sie gefüllt?

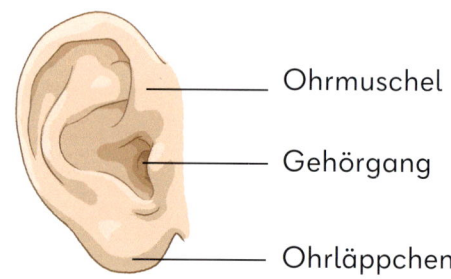

- Ohrmuschel
- Gehörgang
- Ohrläppchen

Schmecken: Auf der **Zunge** befinden sich kleine Höcker, die Papillen. In ihnen befinden sich winzige Geschmacksknospen. Durch sie kannst du verschiedene Geschmacksrichtungen wahrnehmen: bitter, sauer, salzig, süß, herzhaft.

Süß, sauer oder …
Welche Geschmacksrichtungen stecken in deinem Pausensnack?

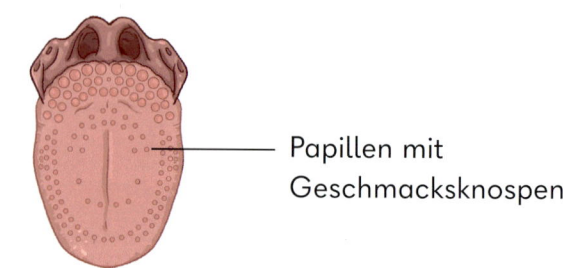

- Papillen mit Geschmacksknospen

Riechen: Mit der **Nase** riechst du, ob etwas süßlich, säuerlich, blumig, verbrannt, harzig oder faulig ist. Der Geschmacks- und der Geruchssinn wirken zusammen.

Kaffeebohnen, Basilikum, ein kräftiger Käse ... wer erkennt die meisten Lebensmittel am Geruch? Probiert es aus – mit verbundenen Augen.

- Nasenrücken
- Nasenflügel
- Nasenloch

Tasten: Die **Haut** ist das größte Sinnesorgan. Sie enthält viele Empfindungsnerven und Tastpunkte – du spürst etwas.

Schneidet ein faustgroßes Loch in einen Karton. Legt Gegenstände aus unterschiedlichem Material in den Karton. Schließt den Deckel, greift hinein und sagt, wie sich die Dinge anfühlen.

besonders viele Tastpunkte:
- Fingerkuppen
- Handfläche
- Fußsohle

2 **Unsere Sinnesorgane lassen sich täuschen.**
Hier siehst du zwei optische Täuschungen. Beantworte die Fragen.

Sind die Säulen gerade?

Ist ein Strich länger als der andere?

Wie kannst du überprüfen, ob deine Antworten stimmen?

3 **Gebt „optische Täuschungen" als Suchbegriff im Internet ein und findet weitere Beispiele.**

2 Alle Sinne können getäuscht werden. Von optischen Täuschungen sind besonders viele Beispiele bekannt. Sie können die Geometrie betreffen oder die Farbwahrnehmung oder Bewegung vortäuschen. Die Abbildungen hier sind geometrische Täuschungen. Mit einem Lineal kann überprüft werden, ob die Vermutungen richtig sind.

Sehen und tasten

1 Wofür sind die einzelnen Teile des Auges wichtig? Berichte.

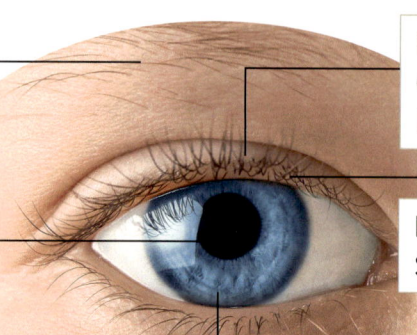

Die **Augenbraue** hält Wasser und Schweiß vom Auge ab.

Das **Lid** schließt sich bei Gefahr für das Auge. Blinzeln hält das Auge feucht.

Durch die **Pupille** gelangt Licht in das Innere des Auges. Ohne Licht können wir nicht sehen.

Die **Wimpern** schützen vor Staub.

Die **Iris** ist ein farbiger Ring rund um die Pupille. Muskeln in der Iris sorgen dafür, dass sich die Pupille weiten und verengen kann.

2 Betrachte die Pupillen eines Partnerkindes in einem zunächst hellen, dann abgedunkelten Raum. Wann sind die Pupillen kleiner, wann größer?

3 Wofür werden diese Sehhilfen verwendet? Erkläre.

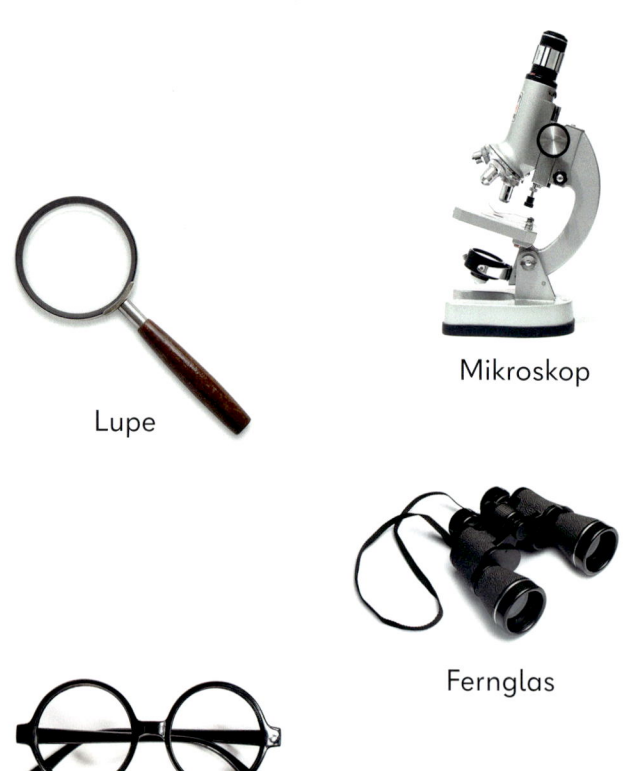

Lupe

Mikroskop

Fernglas

Brille

INTERESSANT

Vor über 1000 Jahren forschte der arabische Wissenschaftler Alhazen über das menschliche Auge. Er gewann bedeutende Erkenntnisse über das Sehen und erfand die Lupe.

4 Die Brailleschrift lässt sich mit den Fingern ertasten.
Erkläre: Wie funktioniert die von Louis Braille entwickelte Schrift?

Das Alphabet in sechs Punkten

Louis Braille wurde 1809 bei Paris in Frankreich geboren. Im Alter von fünf Jahren erblindete er. Seine Eltern lasen ihm viel vor. Doch er wollte gern selbst Bücher lesen. In der Blindenschule lernte er eine spezielle Schrift kennen: Punkte, die man auf dem Papier erfühlen konnte. Die Schrift war jedoch kompliziert. Der inzwischen 16-jährige Louis vereinfachte die Schrift stark. In einem Schriftmuster mit nur sechs Punkten konnte er alle Buchstaben des Alphabets darstellen.

Der rote Punkt zeigt an, welcher Punkt in dem Schriftmuster fühlbar ist. Das ist der Buchstabe A in der Brailleschrift.

Die Hände tasten sich von Buchstabe zu Buchstabe, von Wort zu Wort. Wenn man das übt, geht das richtig schnell!

Was steht hier? Der Code rechts hilft dir beim Entschlüsseln.

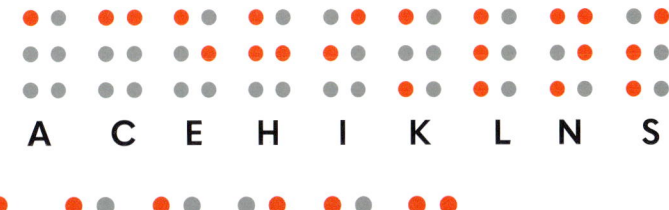

A C E H I K L N S

Hören

1 Bringt eure Stimmbänder zum Schwingen. Macht summende und brummende Töne und legt dabei eine Hand auf den Kehlkopf. Spürt ihr, wie er vibriert?

So entsteht Schall

Töne, Klänge, Geräusche, ein Knall: Alles, was gehört werden kann, ist Schall. Schall entsteht, wenn etwas in Schwingung gerät. Das lässt sich gut an einer Gitarrensaite beobachten. Wenn du eine Saite anschlägst, fängt die Saite an zu schwingen. Die Schwingungen werden in der Luft weitergetragen. Wellenartig breiten sie sich im Raum aus. Deshalb nennen wir Schall auch Schallwellen.

2 Welche Aufgabe hat die Ohrmuschel beim Hörvorgang? Berichte.

Nur die Ohrmuschel ist mit bloßem Auge sichtbar. Der Rest des Ohres liegt im Inneren des Körpers verborgen.

Damit wir etwas hören, müssen die Schallwellen von der Ohrmuschel aufgefangen werden. Der Gehörgang transportiert die Schallwellen weiter.

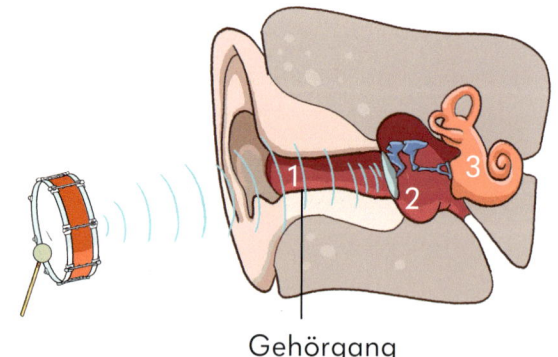

1 Außenohr
2 Mittelohr
3 Innenohr

Gehörgang

INTERESSANT

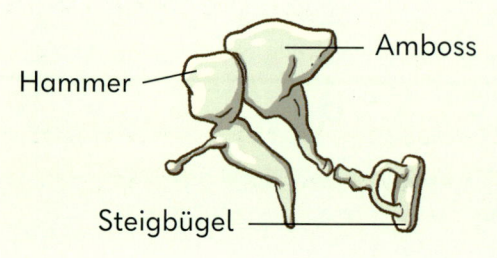

Im Mittelohr befindet sich der kleinste Knochen im menschlichen Körper: der Steigbügel. Er ist nur 3,3 mm hoch.

3 Betrachte das Bild und lies den Text über den Hörvorgang. Beschreibe die einzelnen Schritte.

4 Schreibe die fettgedruckten Wörter auf Zettel. Mische die Zettel. Sortiere sie nach dem Weg des Schalls, ohne auf den Text zu schauen.

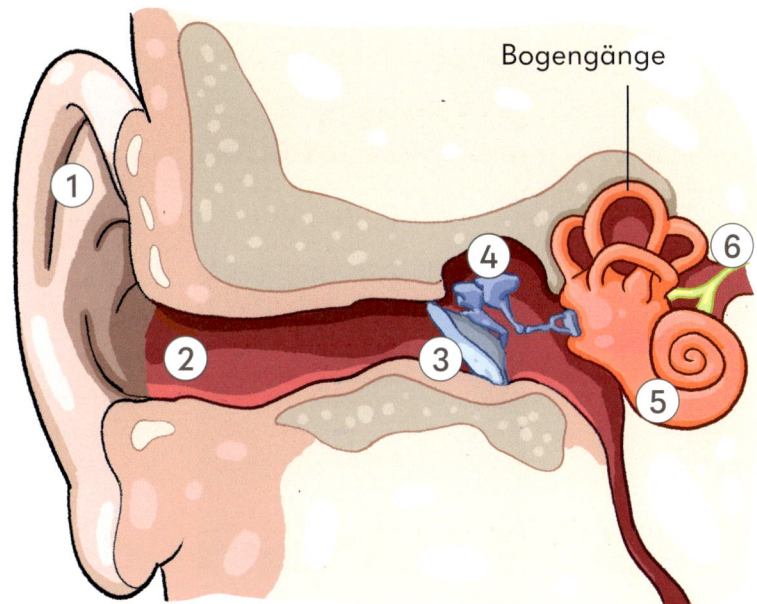

Die Bogengänge im Innenohr helfen dir, das Gleichgewicht zu halten.

Der Hörvorgang

Die ① **Ohrmuschel** fängt die Schallwellen auf.

Durch den ② **Gehörgang** gelangen die Schallwellen zum ③ **Trommelfell**. Das ist eine dünne Haut. Wenn Schall auf das Trommelfell drückt, beginnt es zu schwingen.

Die Schwingungen werden an die ④ **Gehörknöchelchen** übertragen.

Die Gehörknöchelchen leiten die Schwingungen weiter an die ⑤ **Schnecke**. In der Schnecke sitzen kleine Zellen mit feinen Härchen. Diese Haarsinneszellen geraten nun ebenfalls in Bewegung. Dadurch wandeln sie die Schwingungen in Reize um.

Der ⑥ **Hörnerv** leitet die Reize an das Gehirn weiter. Dort werden sie als ein bestimmter Laut wahrgenommen (Gitarrenton, Stimme …).

FREUNDESEITE

Gelenkmodelle bauen

 Scharniergelenk
Du brauchst:
- Toilettenrolle
- Holzstäbchen

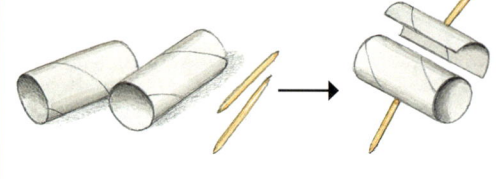

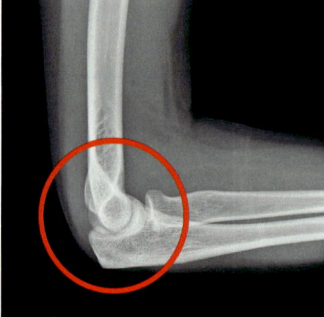

Scharniergelenke lassen sich beugen und strecken.

 Kugelgelenk
Du brauchst:
- Eierkarton
- Tennisball
- Holzstäbchen

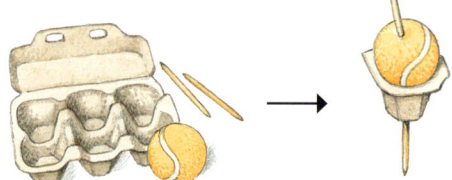

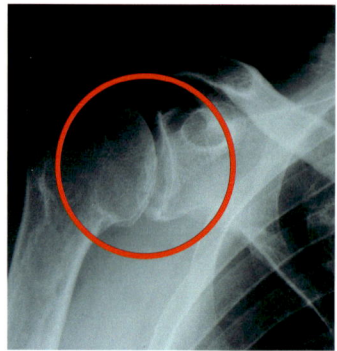

Kugelgelenke lassen sich beugen, strecken, vor- und zurückdrehen, abspreizen und heranführen.

 Sattelgelenk
Du brauchst:
- Knete
- Holzstäbchen

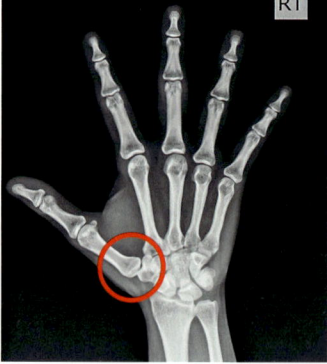

Das Sattelgelenk lässt sich zur Seite drehen und auf und ab bewegen.

Das tut mir gut

1 Wann fühlst du dich wohl?

Ich habe gehört, dass Lachen gesund ist. Kennt jemand einen Witz?

Bananen geben mir Power!

Ich trainiere meine Muskeln!

1 Alle Kinder überlegen sich Antworten auf die Einstiegsfrage. Die Abbildungen auf der Seite liefern Anregungen und Hilfestellungen. Die genannten Beispiele können an der Tafel dokumentiert werden. Im Anschluss werden die Vorschläge begründet und besprochen.

Tipps für deine Gesundheit

1 Bildet Gruppen. Lest jeweils einen Tipp und erklärt ihn in eigenen Worten.

Krankheiten können sich ankündigen. Du frierst oder bekommst Fieber. Du fühlst dich schwach oder hast Schmerzen.
Solche Anzeichen nennt man **Symptome**. Wenn du sie bemerkst, sage deinen Eltern Bescheid. Du könntest sonst andere Kinder anstecken.

Essen und Trinken sind wichtig, damit du wächst und fit bleibst. Aber nicht alles, was schmeckt, ist gesund. Darauf solltest du beim Essen achten:
- ausreichend essen,
- regelmäßig und langsam essen,
- sich abwechslungsreich ernähren,
- sparsam süße oder fettige Lebensmittel essen, zum Beispiel Chips oder Cola.

Manchmal sitzen Kinder zu viel: in der Schule, vor dem Computer oder dem Fernseher.
Dein Körper braucht aber Bewegung. Deshalb solltest du als Ausgleich regelmäßig Sport treiben.

---

1 In Gruppen die verschiedenen Tipps zu einer gesunden Lebensweise lesen und sie sich gegenseitig in eigenen Worten erklären (Krankheitssymptome melden, gesunde Ernährung, Sport treiben, Körperpflege betreiben, Regelmäßigkeit, soziale Kontakte pflegen). Verantwortung für die eigene Gesundheit übernehmen.

AH S. 18

Tägliches Waschen, Kämmen und Zähneputzen helfen dir, gesund zu bleiben. Auch das regelmäßige Wechseln der Kleidung trägt dazu bei.

Jeder Tag ist anders, aber einige Ereignisse kehren immer wieder: die Mahlzeiten, das Schlafen, die Zeiten zum Lernen oder Spielen. Sie helfen dir, deinen Alltag zu gliedern.

Freundinnen und Freunde sind wichtig fürs Leben. Mit ihnen kannst du den Tag verbringen, spielen und lernen.
Du kannst sie um Rat fragen, ihr könnt euch gegenseitig trösten und euch helfen.

2 Dokumentiert an der Tafel oder am Smartboard, was ihr zur Körperpflege braucht.

3 Wie achtest du auf deine Gesundheit? Schreibe auf.

2 Die Bedeutung der Körperpflege für die Gesundheit erkennen. Benennen, was man zur Körperpflege braucht (zum Beispiel Kamm, Haarbürste, Zahnbürste, Waschlappen, Nagelschere, Nagelfeile). **3** Aus eigenen Erfahrungen berichten – wie achtet man selbst auf seine Gesundheit.

Trau dich, „Nein" zu sagen

1 Betrachte die Bilder.
Diskutiere mit einem Partnerkind, wie sich die Kinder fühlen.

„Nein" zu sagen ist manchmal gar nicht so leicht.
Aber wenn es dich selbst betrifft, entscheidest du:
„Was ist gut für mich? Was mag ich und was mag ich nicht?"
Alle sollten darauf achten, dass sie sich wohlfühlen und gesund bleiben.

Reagiere auf Beleidigungen.
Sag der Person, dass dich dieses Verhalten verletzt, zum Beispiel: „Deine Worte nehme ich nicht an." oder: „Mir gefällt mein Outfit."

Ein anderes Kind will dich zu etwas zwingen, das du falsch findest.
Tue das, was du für richtig hältst. Du kannst sagen: „Nein, das mache ich nicht!"

1 Die Abbildungen zu zweit betrachten und beschreiben. Die Gefühle der Kinder erklären. Kinder dürfen und müssen auch „Nein" sagen können. Den Bezug zu sexuellem Missbrauch, Diskriminierung und Ausgrenzung verdeutlichen.

Es kann auch vorkommen, dass du dich und deinen Körper vor anderen Menschen schützen musst.
Wenn du etwas Beängstigendes oder Komisches erlebst, erzähle es.
Du kannst dir Hilfe bei einem Menschen holen, dem du vertraust.

Wenn du nicht willst, dass jemand dich berührt, umarmt oder küsst,
sage laut und deutlich: „Nein!".
Das kannst du auch behutsam sagen, wenn du den anderen nicht verletzen willst.

2 Bildet Gruppen und spielt eine Bildsituation zusammen nach. Achtet auf die Hinweise zur Körpersprache.

> Wir sprechen nicht nur durch Worte. Auch unser Körper, seine Bewegung und unsere Mimik teilen anderen etwas mit.
> Wie bewegst du dich?
> Wie schaust du?
> Deine Körpersprache wirkt auf andere Menschen.
> Darum: Wenn du „Nein!" sagst, sei selbstsicher und ohne Angst.
> Zeige: „Das kannst du nicht mit mir machen."

3 Informiert euch im Internet über das Kinder- und Jugendtelefon „Nummer gegen Kummer". (116 117)
In welchen Situationen könnt ihr dort anrufen?

Ein anstrengender Tag

1 Lena hatte einen anstrengenden Tag.
Was hat sie alles gemacht? Wie wird sie sich fühlen?

2 Beratet: Welcher Lösungsvorschlag passt zu den Situationen?

In der Klasse fühlst du dich müde.
Du bekommst Kopfschmerzen.
Dein Körper sagt dir: Du hast zu wenig geschlafen.

Dein Mund und dein Hals sind trocken, die Zunge klebt am Gaumen. Dein Körper sagt dir: Du hast Durst. Mineralwasser ist ein guter Durstlöscher. Es versorgt deinen Körper nicht nur mit Flüssigkeit, sondern auch mit vielen wertvollen Stoffen.

Du bist nervös vor einer Klassenarbeit.
Es hilft, wenn du dir die Zeit zum Lernen gut einteilst.
Plane: Was muss ich lernen, wiederholen und üben?
Wann und wie lange will ich täglich lernen?
Mit wem kann ich zusammen lernen?
Prüfe: Was kann ich? Was kann ich noch nicht?

Du solltest immer ausreichend trinken.

Wiederhole am Tag vor der Arbeit den Stoff und gehe früh ins Bett.

Gehe abends früher schlafen oder ruhe dich auch am Nachmittag kurz aus.

3 Wie vermeidest du Stress? Schreibe auf.

FREUNDESEITE

Stress? Entspanne dich!

Ⓐ Hilfe bei Stress
Warum fühlen sich Paula und Tim gestresst?
Was könnte ihnen helfen?

Paula erzählt:

Ich mag Computerspiele. Oft vergesse ich dabei die Zeit. Ich mache meine Hausaufgaben spät und in der Schule bin ich müde.

Tim erzählt:

Nach der Schule habe ich noch Musikschule oder Tennis. Ich mache das gern, aber manchmal wird mir alles zu viel.

Ⓑ So fühlt sich Stress an
Zeige, wie sich Stress für dich anfühlt.

Ⓒ Entspanne dich
Probiere diese Methode aus:

- Du stellst dir ruhige Musik an, legst dich auf eine weiche Decke, schließt die Augen und machst eine Gedankenreise.
- Du wanderst in Gedanken zum Beispiel über eine Blumenwiese und stellst dir das Leben auf der Wiese vor: Pflanzen, Tiere, Gerüche, Farben, Geräusche ... Du fühlst den Wind auf deiner Haut.
- Bleibe eine Weile still liegen. Dann recke und strecke dich, bis du wieder hellwach bist. Gehe raus an die frische Luft.

A Die Texte in den Sprechblasen lesen und erkennen, warum die Kinder gestresst sind (zu spät ins Bett gehen, zu viele Freizeitaktivitäten). **B** Anhand von Bildimpulsen eigene Anzeichen von Stress zeigen.
C Eine Entspannungsübung ausprobieren.

Miteinander leben

1 Wer gehört zur Familie?

"Einmal im Jahr ist Familientreffen. Dann kommen auch meine Tante, mein Onkel und meine Cousine aus Irland."

"Ich wachse bei meiner Oma auf."

"Mein Kater Baldur gehört auf jeden Fall zur Familie."

Familie ist ...

1 Welche Familienformen kennt ihr? Erzählt davon.

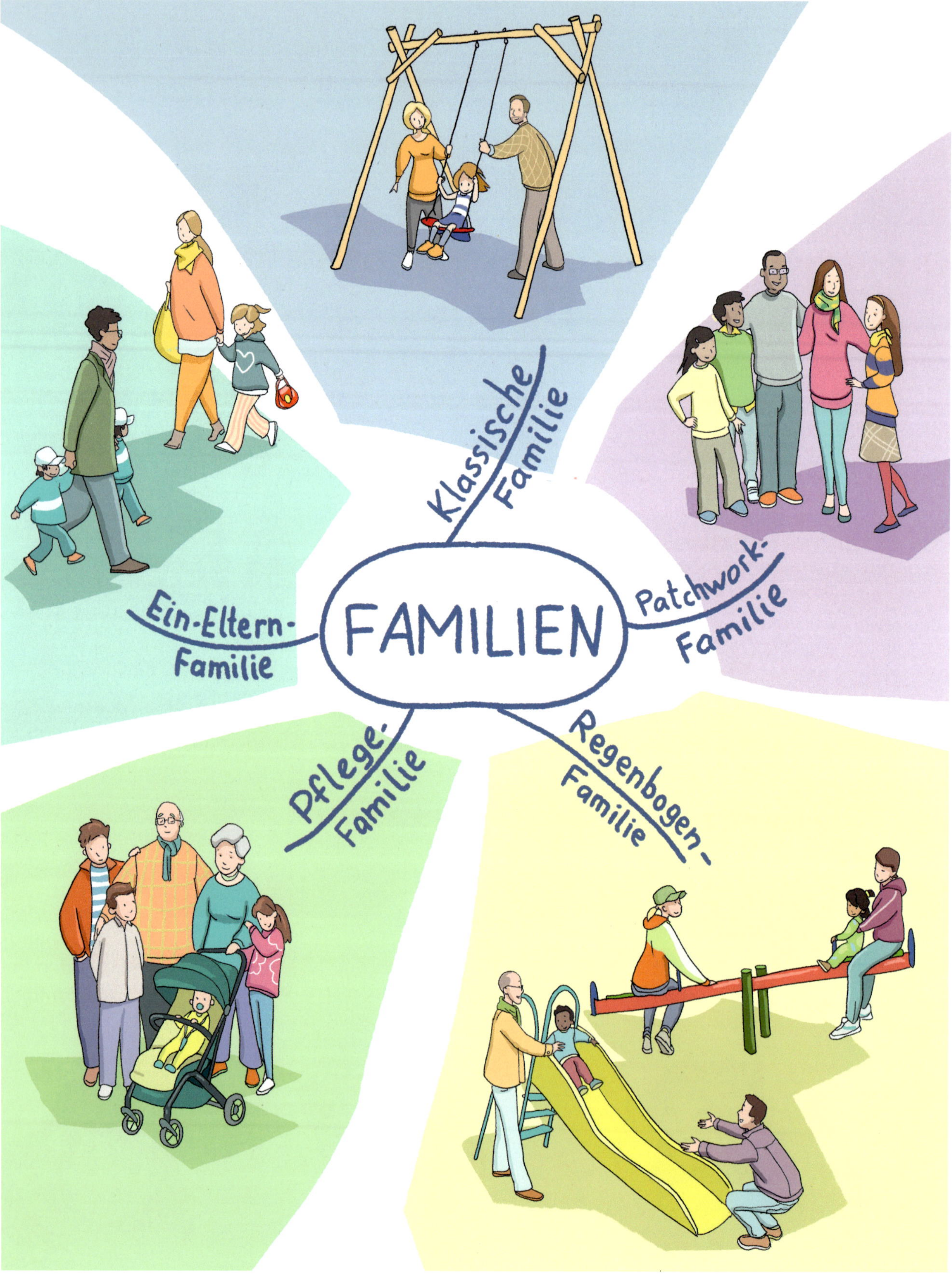

FAMILIEN
- Klassische Familie
- Patchwork-Familie
- Regenbogen-Familie
- Pflege-Familie
- Ein-Eltern-Familie

1 Verschiedene Familienformen kennenlernen und aus eigener Lebenswelt berichten. Zusammensetzungen von Familien (z.B. homo- und heterosexuelle Lebensformen) und deren Herkunft begreifen. Familien in ihrer Einzigartigkeit beschreiben und begreifen. Über Formen von Zusammenleben philosophieren.

2 Welche Familienregeln sind abgebildet?

In jeder Familie gelten Regeln für Kinder und Erwachsene. Alle sollen sich aufeinander verlassen können und die Wünsche der anderen Familienmitglieder anerkennen.

Dazu gehören zum Beispiel:
- freundlich miteinander sprechen
- einander zuhören
- hilfsbereit sein
- Ordnung halten
- …

3 Wie trägst du zu einem guten Zusammenleben in deiner Familie bei? Schreibe auf.

2 Funktionen von Regeln für das Zusammenleben in der Familie anhand der Beispiele beschreiben und begreifen. Zuordnen, welche der Regeln abgebildet sind (freundlich miteinander sprechen, Ordnung halten).
3 Das Erlernte auf die eigene Lebenswelt übertragen und aus dem eigenen Zusammenleben berichten.

Wie Familien leben

1 Wähle ein Foto aus.
Erzähle, wie du dir einen Tag in dieser Familie vorstellst.

2 Lies den Text und beantworte die Fragen.

Oft werden in einer Familie **Bräuche** und Wissen von einer Generation zur nächsten weitergegeben. Zum Beispiel: Die Eltern singen mit den Kindern Lieder, die sie schon aus ihrer Kindheit kennen. Oder die Eltern kochen nach Rezepten, die sie von ihren Eltern übernommen haben. Die Eltern einigen sich darauf, welche Fest- und Feiertage in ihrer Familie von Bedeutung sein sollen.

Bräuche, die von einer Generation an die nächste weitergegeben wurden, nennt man **Traditionen**. Es können auch neue Traditionen geschaffen werden.

Es ist übrigens nicht nur so, dass Kinder etwas von ihren Eltern lernen. Wenn du deinen Eltern ein Lied vorspielst, das sie zum ersten Mal hören, haben sie etwas von dir gelernt.

- Gibt es einen Brauch in deiner Familie, den schon deine Großeltern gepflegt haben?
- Was haben deine Eltern oder Großeltern von dir gelernt?

3 Befrage ein Partnerkind:
Was kann ich über deine Familie erfahren?

- ein Essen, das bei euch oft gekocht wird
- ein Wort in einer anderen Sprache
- einen Film, den ihr öfter schaut
- einen Brauch
- ...

4 Drei Kinder erzählen etwas über ihre Familie.
Schreibe einen kurzen Text über deine Familie.

Finn

Meine Eltern konnten nicht ausreichend für mich sorgen, deshalb lebe ich in einer Pflegefamilie. Meine Schwester dort ist fast so alt wie ich. Wir verstehen uns gut. Wir haben sogar dasselbe Hobby: Schwimmen.

Amana

Karl

Mein Vater hat ein paar Jahre in Indien gearbeitet. Dort hat er meine Mutter kennengelernt. Nach acht Jahren sind wir von Indien nach Deutschland gezogen. Meine Mutter gibt Kurse für den Bollywood-Tanz. Mir macht das Tanzen auch Spaß!

Ich habe fünf Geschwister. Manchmal gehen sie mir auf die Nerven, zum Beispiel, wenn alle gleichzeitig etwas erzählen wollen. Meistens finde ich es aber gut. Wir können gemeinsam etwas spielen, und es wird nie langweilig.

Feste weltweit

1 Weihnachten wird in vielen Ländern gefeiert. Aber nicht überall gleich. Erzähle von Weihnachtsbräuchen, die du kennst.

In **Großbritannien** versammelt sich die Familie am Morgen des ersten Weihnachtsfeiertages um den Weihnachtsbaum. Dort werden die Geschenke ausgepackt. Mittags gibt es ein festliches Weihnachtsessen. Dann werden die Christmas Cracker gezogen. Die Knallbonbons enthalten Papierkronen und kleine Überraschungen.

In **Finnland** heißt der Weihnachtsmann Joulupukki. Am Heiligen Abend, also am 24. Dezember, bringt er mit dem Rentierschlitten die Geschenke. Die Familien essen gut und sitzen gemütlich zusammen. Vorher gehen sie in die Sauna. Viele Familien besuchen am Heiligen Abend auch den Friedhof und schmücken die Gräber weihnachtlich.

In **Australien** ist es sommerlich warm, wenn Weihnachten gefeiert wird. Die Temperatur beträgt oft über 30 °C. Straßen und Häuser sind festlich geschmückt. Santa Claus, der Weihnachtsmann, bringt Geschenke. Ausgepackt werden sie am ersten Weihnachtsfeiertag.

2 So feiern die Kinder in Brasilien und in Spanien Geburtstag.
Wo würdest du gern mitfeiern? Begründe.

In **Brasilien** feiern manche Kinder mit sehr vielen Gästen. Sie suchen sich ein Motto für ihre Party aus, wie zum Beispiel „König der Löwen".

In **Spanien** wird eine Piñata aufgehängt. Die Geburtstagsgäste schlagen mit verbundenen Augen danach. Wenn die Piñata aufreißt, fallen Süßigkeiten heraus.

INTERESSANT

In Vietnam gibt es kein Fest am Geburtstag. Erwachsene und Kinder feiern am Neujahrsfest gemeinsam, dass sie ein Jahr älter geworden sind.

3 Gestalte nach dem Muster ein Kärtchen über ein Fest deiner Wahl. Schreibe einen kurzen Text und klebe Bilder auf. Stellt alle Kärtchen in der Klasse aus und sprecht gemeinsam über die Feste.

Im Herbst wird in vielen asiatischen Ländern das Mondfest gefeiert.
Im Mittelpunkt steht der Vollmond in all seiner Pracht.
Die Straßen sind mit Laternen geschmückt.
Zum Essen gibt es Mondkuchen mit süßer oder herzhafter Füllung.

Aus der Familienschatzkiste

In diesem Koffer ist meine Vergangenheit drin.

1 Was erzählen dir diese Bilder?

Das Hochzeitskleid passt mir nicht mehr.

An der Ostsee war es immer schön.

Das Fotoalbum habe ich von meiner Urgroßmutter.

Das ist die Brille von Opa Franz.

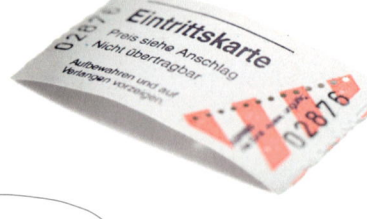

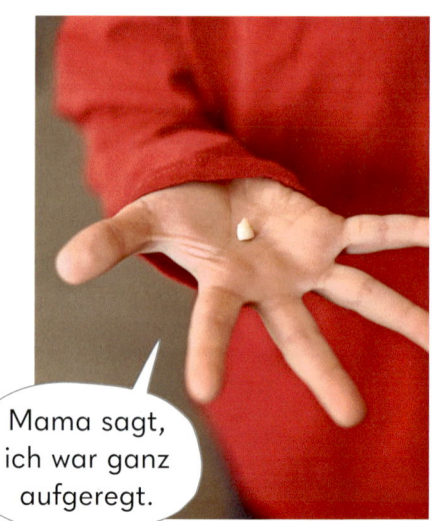

Den Ring habe ich zur Jugendweihe bekommen.

Mama sagt, ich war ganz aufgeregt.

1 Historische Quellen als Dokumente aus vergangener Zeit kennenlernen. Die abgebildeten Quellen als Dokumentation von Familiengeschichte begreifen. Den Zusammenhang zwischen Abbildungen und den Dingen, von denen sie zeugen, mithilfe der Texte begreifen.

2 Erkläre, welche unterschiedliche Quellen es gibt.

Wir können auf unterschiedliche Weise von Ereignissen erfahren,
die vor wenigen Tagen, einigen Monaten oder vielen Jahren passiert sind.

Alles, was von vergangener Zeit berichtet, nennt man Zeitzeugnisse oder
historische Quellen.
Durch sie erfahren wir, was früher passiert ist.
Es gibt Zeitzeugnisse, die man anfassen kann: ein altes Buch, ein Fotoalbum …
Es gibt Zeitzeugnisse, die mündlich überliefert oder aufgeschrieben wurden:
Briefe, Geschichten, Tagebucheinträge …
Es gibt auch Personen, die aus früheren Zeiten berichten können.
Man nennt sie Zeitzeugen.

INTERESSANT

Das Wort historisch leitet sich aus dem lateinischen
Wort „historia" ab. Historia bedeutet Geschichte.

3 Besprecht: Was würdet ihr in ein Tagebuch schreiben?

4 Warum ist ein Tagebuch auch ein Zeitzeugnis?

FREUNDESEITE

In anderen Ländern und Zeiten

A **Wie ist es anderswo?**
Gestaltet in Gruppen Plakate zu einem Land. Sucht Bilder und Texte zum Thema Essen, Gebräuche, Feste oder Spiele.

B **Essen aus anderen Ländern**

Viele Gerichte, die wir kennen, stammen aus anderen Ländern.

Nennt Gerichte und überlegt, aus welchen Ländern sie sind. Ihr könnt ein Spiel daraus machen wie die Kinder auf dem Bild.

C **Wie war es früher?**
Befrage ältere Familienmitglieder: „Womit habt ihr als Kind gespielt?"
Erzähle: Womit spielst du selbst gerne?

Wie wir und andere wohnen

1 Warum werden verschiedene Häuser gebaut?

Hochhaus   Pfahlbau   Einfamilienhaus   Lehmhaus
Schutz   Geborgenheit   arbeiten   schlafen
Ziegel   Holz   Lehm   Beton   Mauerstein

1 Alle Kinder überlegen sich Antworten auf die Einstiegsfrage. Die Abbildungen auf der Seite liefern Anregungen und Hilfestellungen. Die genannten Beispiele können an der Tafel dokumentiert werden. Im Anschluss werden die Vorschläge begründet und besprochen.

Haus und Wohnung

1 Beschreibe das Bild.

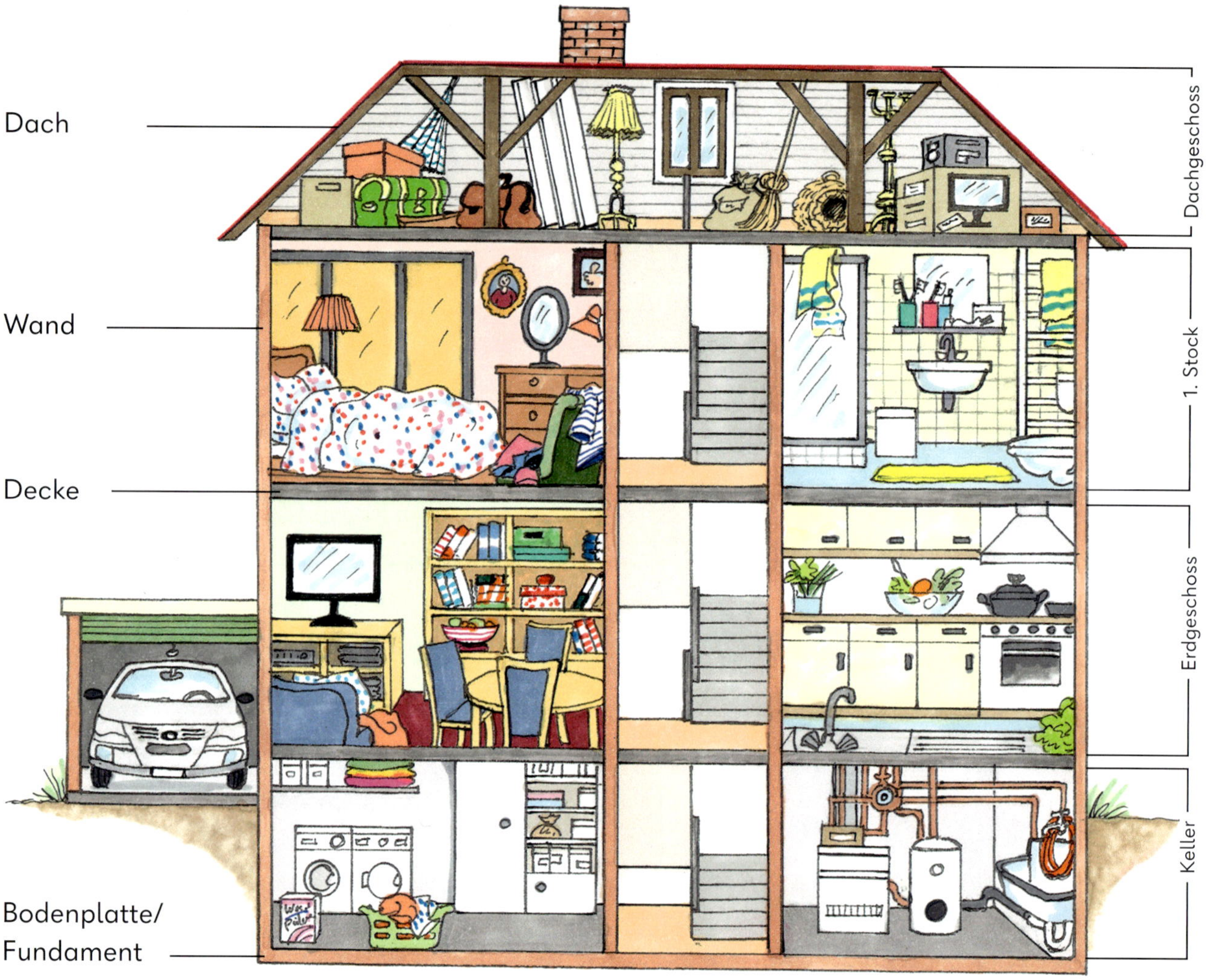

- Dach
- Wand
- Decke
- Bodenplatte/Fundament

- Dachgeschoss
- 1. Stock
- Erdgeschoss
- Keller

2 Lies den Text. Welche Dinge erkennst du wieder?

Das Haus oder die Wohnung bieten mit ihren Wänden und dem Dach Schutz vor Wind, Regen, Schnee, Hitze und Kälte. Fenster und Türen lassen Luft und Licht in die Räume. Es gibt verschiedene Räume wie das Kinderzimmer oder das Wohnzimmer. In der Küche steht ein Topf auf dem Herd und im Bad befindet sich ein Waschbecken.
Das Haus kann abgeschlossen werden, so fühlen wir uns dort sicher.

3 Besprecht: Warum ist es wichtig, ein Zuhause zu haben?

Unser Zuhause ist für uns besonders wichtig.
Hierhin können wir uns zurückziehen und für uns sein. Wir können hier schlafen, Gespräche führen und Dinge aufbewahren. Das Recht auf Privatsphäre ist sogar ein Kinderrecht.

4 Schreibt Beispiele aus dem Gedicht auf, wo Kinder wohnen.

Wie wohnen die Kinder der Erde?

Manches Kind wohnt auf dem Lande,
manches wohnt im zehnten Stock,
manches Kind wohnt nah beim Strande,
manches wohnt im Neubaublock.

Manches wohnt in einem Walde,
manches wohnt am Wüstenrand,
manches bei der Abfallhalde,
manches vor der Bergeswand.

Manches wohnt in einer Kammer,
manches wohnt in einem Schloss,
manches wohnt in Not und Jammer,
manches froh und sorgenlos.

Aber kommst du mich nun fragen,
wo die beste Wohnung ist,
kann ich's mit vier Worten sagen:
Wo du glücklich bist.

James Krüss

5 Überlegt gemeinsam, was euch der Dichter James Krüss zum Thema Wohnen sagen möchte.

Ein Einfamilienhaus wird gebaut – der Rohbau

1 Beschreibe die ersten Schritte des Hausbaus mithilfe der Bilder.

2 An einem Hausbau sind viele Menschen beteiligt.
Schreibe Beispiele für Berufe aus den Texten auf.

Der Baggerfahrer hebt die Baugrube aus.
Dort ziehen Arbeiter Gräben und verlegen Rohre für das Abwasser.
Danach wird das **Fundament** aus Beton gegossen. Das ist notwendig, damit das Haus festen Halt auf dem Boden hat.
Auf dem Fundament liegt die Bodenplatte. Sie ist ebenfalls aus Beton.

Die Maurer lesen vom Bauplan der **Architektin** ab, wohin die Mauern genau kommen sollen.
Dann geht es los: Die Mauersteine werden gesetzt. Zwischen die Steine kommt entweder Kleber oder Mörtel.
Der Klebstoff oder der Mörtel halten die Steine fest zusammen.
Die Maurer prüfen mit einer Wasserwaage, ob die Wände gerade sind.

Dann bekommt das Erdgeschoss einen „Deckel", die sogenannte Rohdecke. Fertig gegossene Betonplatten werden mithilfe eines großen Kranes auf das Erdgeschoss gelegt. Die Rohdecke ist gleichzeitig der Boden des Obergeschosses. Sie muss aber später noch bearbeitet werden.

Innen- und Außenwände stehen nun. Wenn der **Giebel** fertig ist, bauen die Zimmerleute den Dachstuhl aus Holzbalken. Zum Schluss hängen sie den Richtkranz auf, denn jetzt ist der Rohbau fertig. Das Richtfest kann gefeiert werden.

Die Dachdecker dichten das Dach mit Folie ab. Auf die Dachlatten am Dachstuhl legen sie die Dachpfannen. Die Außenwände bekommen eine Fassade. Das ist eine „Außenhaut", die zum Beispiel aus Material zur Wärmedämmung und Klinkersteinen besteht. Andere Häuser erhalten einen Außenputz, der auch angestrichen werden kann.

3 Überlegt euch gemeinsam Beispiele, welche Arbeiten vor dem Einzug noch erledigt werden müssen.

Ein Einfamilienhaus wird gebaut – der Innenausbau

1 Betrachte die Bilder und lies die Texte.
Welche Arbeiten müssen erledigt werden?

Der Elektriker verlegt viele Meter Kabel und befestigt Steckdosen, Schalter und Lampen.
Das alles verbindet er mit dem Sicherungskasten.

Der Anlagenmechaniker verlegt Wasserleitungen und Abflussrohre. Er baut Bäder und Toiletten ein.

Der Heizungsbauer baut die Heizungsanlage ein. Sie kann zum Beispiel aus einem Heizkessel und den Heizkörpern bestehen.

Der Putzer trägt auf die Innenwände den Innenputz auf. So werden die Wände schön glatt.

Die Malerin und Tapezierin streicht und tapeziert die frisch verputzten Wände.

Die Fliesenlegerin verlegt Fliesen und der Fußbodenleger versieht die Böden zum Beispiel mit Laminat, Dielen aus Holz oder Teppich.

2 Stell dir vor, du hilfst beim Innenausbau. Welche der Arbeiten würdest du gerne übernehmen? Begründe.

3 Informiere dich im Internet genauer über deinen ausgewählten Beruf.

Miteinander im Mehrfamilienhaus

1 Betrachte das Bild. Lies die Sprechblasen.

Die Frühschicht war sehr anstrengend. Ich musste schon um 5 Uhr aus dem Haus. Ich werde mich gleich hinlegen.

Herr Sommer

Ich muss noch üben. Heute Abend ist das Konzert.

Selma

Ob die jungen Leute wohl daran denken, die Haustür zu schließen?

Herr Nowak

Seit einer Woche hängt die Wäsche schon hier!

Frau Ziegler

Auch viele Tiere haben ein Haus.

1 Die Abbildung betrachten und bie Sprechblasen lesen. Die einzelnen Situationen der Personen erfassen. Wohnen als enges Zusammenleben mit anderen im Hinblick auf Privatsphäre, Absprachen, Regeln und Miteinander begreifen.

> Vielleicht kann ich ja in meinem Zimmer etwas kicken.

Pablo

> Die Kleine ist heute ganz schön unruhig

Herr Simon und Sofia

> Wann müssen wir eigentlich die Treppe putzen? Ich vergesse das ständig.

Frau Lange und Paula

2 Welche Probleme können sich in diesem Haus ergeben?

3 Spielt eine Situation nach.
Was wäre die Lösung für das jeweilige Problem?

2 Sich in die Wünsche und Bedürfnisse des Einzelnen und der Gemeinschaft hineinversetzen. Mögliche Konflikte benennen (z. B. unterschiedliche Schlafenszeiten, Ordnung und Sauberkeit in den Gemeinschaftsbereichen). **3** Konfliktsituationen nachspielen und gemeinsam Lösungen finden.

FREUNDESEITE

Bauen und Wohnen

A Wie sieht ein Mauerwerk aus? Betrachte die Bilder.

Eher so?    Oder so?

Warum ist das so? Probiere es mit eigenen Materialien aus.

B Vermute, warum diese Bauweise besonders praktisch ist.

- Schutz vor Hitze
- Aussicht
- ...

- Platz zum Bauen
- Hochwasser
- ...

C Wir befinden uns im Jahr 2125.
Du hast den Auftrag,
ein Haus zu gestalten.
Zeichne und schreibe dazu.

A Die geeignete Bauart für Mauern erkennen (Variante 2). **B** Erkennen und beschreiben, warum verschiedene Bauweisen an unterschiedlichen Orten praktischen Nutzen haben können. **C** Ein Haus der Zukunft zeichnen und beschreiben.

Unterwegs in unserem Ort

1 Was möchte ich über meinen Ort erfahren?

---

1 Alle Kinder überlegen sich Antworten auf die Einstiegsfrage. Die Abbildungen auf der Seite liefern Anregungen und Hilfestellungen. Die genannten Beispiele können an der Tafel dokumentiert werden. Im Anschluss werden die Vorschläge begründet und besprochen.

Meinen Ort erkunden

1 Betrachte die Abbildung.
Was gibt es im Ort zu entdecken?

Ich bin heute dein Stadtführer.

1 Die Abbildung betrachten und verschiedene Bereiche eines Ortes entdecken: Geschäfte, öffentliche Einrichtungen, Verkehrsmittel, Freizeitmöglichkeiten und Einwohner. Anhand von Schildern erkennen, dass es weitere Einrichtungen außerhalb des Bildausschnittes gibt.

2 Lies den Text. Berichte: Was nutzt du in deinem Ort?

In diesem Ort leben viele Menschen zusammen. Sie arbeiten, kaufen ein und verbringen ihre Freizeit an verschiedenen Plätzen. Damit sich alle wohlfühlen, gibt es viele **öffentliche Einrichtungen**.

Im Rathaus arbeiten Menschen, die den Ort organisieren. In der Bücherei kann man Bücher und Filme ausleihen oder lesen. Auf dem Spielplatz treffen sich Kinder, um zu spielen. Die Kirche oder ein Museum sind interessante Sehenswürdigkeiten. Für die Sicherheit sorgen die Polizei und die Feuerwehr.

Öffentliche Verkehrsmittel bringen die Menschen von einem Ort zum anderen. Vom Bahnhof aus fahren Züge in andere Regionen.
Manchmal liefern sie auch Waren.

3 Besprecht: Wer arbeitet in diesen Gebäuden? Warum sind diese Einrichtungen wichtig für einen Ort?

Einen Plan lesen

1 Vergleiche die Abbildungen. Was fällt dir auf?

Das Modell des Schulgeländes Der Plan des Schulgeländes

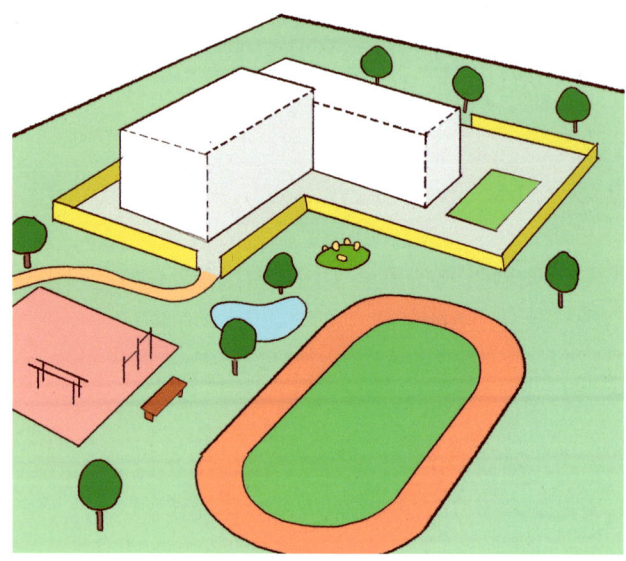 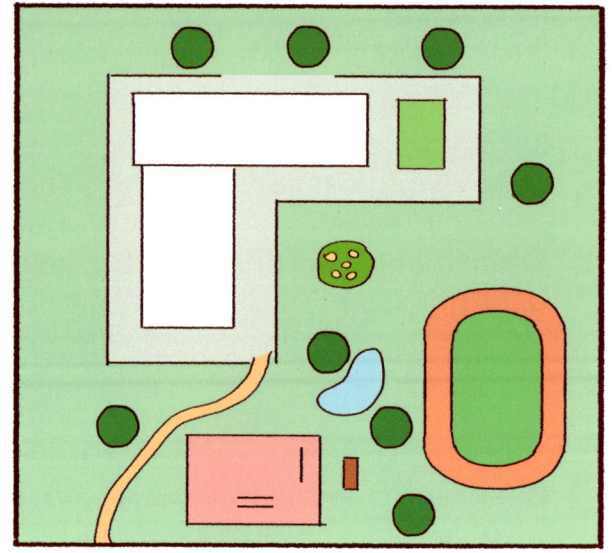

2 Zu einem Plan gehört eine Legende.
Sie erklärt, was die Farben, Linien und
Zeichen im Plan bedeuten.
Beschreibe den Plan des Schulgeländes
mithilfe der Legende.

3 Erkläre, wie der Grundriss des Schulgebäudes gezeichnet wurde.

Das Schulgebäude im Bild links oben
ist ein Modell: Man hat es verkleinert
nachgebaut. Stell dir vor, dass du das
Modell mit einem Stift umfährst und
dann von der Unterlage entfernst.
Nun siehst du den Grundriss.
Auf diese Weise kann ein einfacher Plan
erstellt werden.

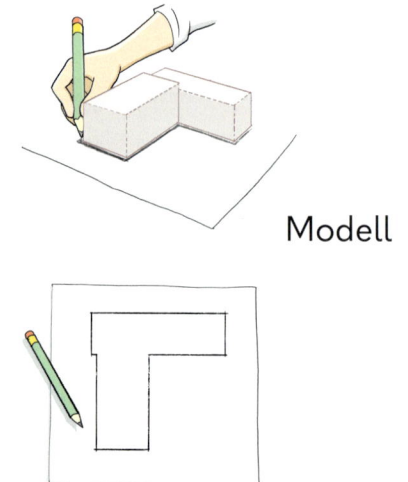

Modell

Grundriss

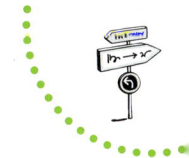

4 Was wird in einem Ortsplan dargestellt?

Ein Ortsplan zeigt alle Straßen, Gebäude, Plätze und Grünanlagen eines Ortes. So kann man sich gut orientieren. Für den Ortsplan gilt: Alles ist vereinfacht und verkleinert dargestellt. Ein Gitter teilt den Plan in Quadrate ein. So sind Straßen und Gebäude leichter zu finden. Die Grundschule liegt zum Beispiel im Quadrat C1.

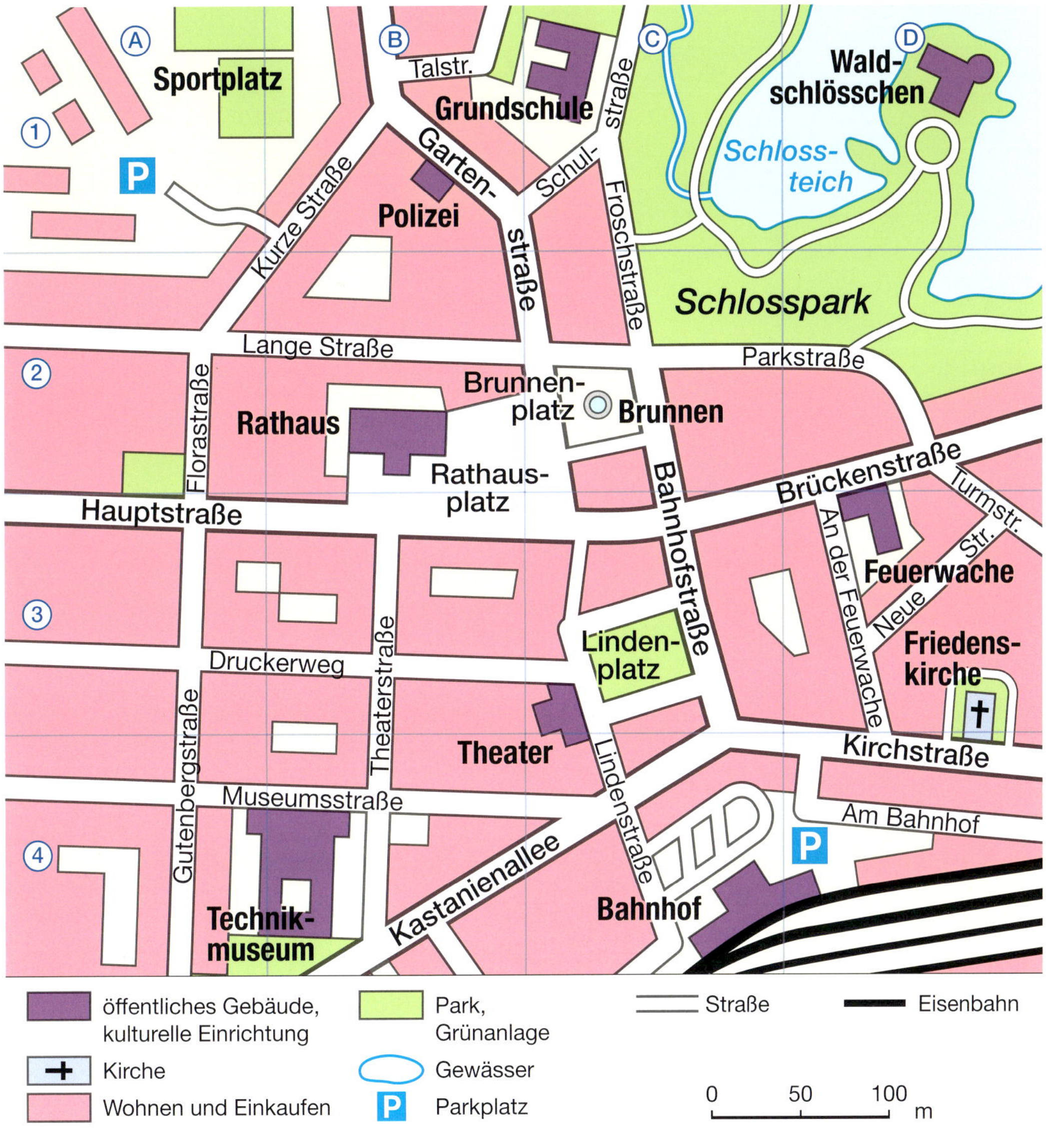

5 Bildet Gruppen und stellt euch weitere Fragen zum Ortsplan. Zum Beispiel: In welchem Planquadrat liegt die Feuerwache oder wie komme ich vom Bahnhof zum Rathaus?

4 Erkennen, wie ein Ortsplan funktioniert. Die Darstellung von Gebäuden, Straßen, Grünanlagen und weiteren Ortsbestandteilen in Planquadraten verstehen. 5 Sich auf Plänen orientieren und eigene Erkundungsaufgaben formulieren.

Wir wohnen zusammen in einem Ort

1 Betrachte die Fotos. Beschreibe die verschiedenen Häuser.

Clara wohnt mit ihrer Familie in einem Mehrfamilienhaus. Sie kennt alle Nachbarn. Ihre beste Freundin Luisa wohnt auch im Haus. So können die beiden oft miteinander spielen und lernen. Clara muss auf ihre Nachbarn im Haus Rücksicht nehmen. Sie darf in der Mittagsruhe keinen Lärm machen.

Mehrfamilienhaus

Tim wohnt mit seiner Mutter in einem Mehrgenerationenhaus. Für alle Mieter gibt es einzelne Wohnungen, aber auch Gemeinschaftsräume. Die Mieter sind ganz verschieden: junge Familien, **Senioren**, Singles und Paare. Die Bewohner unternehmen viel gemeinsam und helfen einander. Jeder erbringt auch Pflichten für die Gemeinschaft.

Mehrgenerationenhaus

Willkommen in meiner Hütte!

1 Die Bedeutung eines Zuhauses für jeden Einzelnen erkennen. Wohneinrichtungen wie Seniorenheime kennenlernen. Feststellen, dass unterschiedlich viele Menschen in unterschiedlich großen Wohnformen zusammenleben können.

AH S. 28/29

Georgs Oma wohnt in einem Seniorenheim. Sie hat dort ein Zimmer mit einer kleinen Küche und einem Bad. Wenn es Oma Anne nicht so gut geht, wird sie versorgt und gepflegt. Alle Räume sind so gebaut, dass sich die Bewohner mit Rollstühlen und Rollatoren selbstständig darin bewegen können.

Seniorenheim

Luzi wohnt mit ihrem Vater in einem Hochhaus. Wenn sie auf dem Balkon steht, kann sie auf die Stadt schauen. Im Haus wohnen viele Kinder. Manchmal treffen sie sich auf dem Spielplatz. Luzi fährt nicht gerne allein mit dem Fahrstuhl.

Hochhaus

Jakob und Leon wohnen mit ihren Eltern in einem Einfamilienhaus. Sie haben einen großen Garten, in dem sie spielen können. Leon findet es schade, dass seine Schule so weit weg ist. Er muss oft hingefahren und wieder abgeholt werden.

Einfamilienhaus

2 Vergleicht die verschiedenen Wohnformen.

3 Schreibe Vorteile und Nachteile des Wohnens in den verschiedenen Häusern in eine Tabelle.

2 Verschiedene Wohnformen und ihre Bedeutung für die Menschen vergleichen. Erkennen, dass jede Wohnform Vorteile und Nachteile haben kann. 3 Die Vor- und Nachteile der unterschiedlichen Lebensweisen in einer Tabelle sammeln.

Füreinander da sein im Ort

1 Welche Aufgaben hat die Feuerwehr?

Löschen
Die Feuerwehr löscht alle Brände. Dafür nutzt sie zum Beispiel Wasser, Löschschaum, Löschpulver oder Löschgas.

Schützen
Die Feuerwehr zeigt, wie man sich bei Bränden, Unwetter oder Unfällen richtig verhält. Sie schützt auch bei Gefahren.

Retten
Die Feuerwehr rettet Menschen und Tiere aus Notlagen, zum Beispiel bei Hochwasser, Bränden oder starken Stürmen.

Bergen
Die Feuerwehr bringt Menschen und Tiere, aber auch Gegenstände in Sicherheit, zum Beispiel nach einem Unfall.

2 Welche Formen der Feuerwehr gibt es?

In Städten mit mehr als 100.000 Einwohnern gibt es eine Berufsfeuerwehr. In kleineren Orten übernimmt diese Aufgabe die Freiwillige Feuerwehr. Große Betriebe haben oft eine eigene **Werksfeuerwehr**, zum Beispiel der Flughafen.

Ich bin bei der freiwilligen Feuerwehr!

Bei der Freiwilligen Feuerwehr arbeiten Männer und Frauen freiwillig und ehrenamtlich. Ehrenamtlich heißt: Sie wollen anderen Menschen helfen und bekommen kein Geld für ihre Tätigkeit. Wenn sie nicht im Einsatz sind, arbeiten sie in anderen Berufen.

3 Erkunde: Wo gibt es bei euch in der Nähe eine Feuerwehr? Gibt es dort eine Kinder- oder Jugendfeuerwehr?

4 Lies den Text und die Nachrichten. In welchen Bereichen arbeiten die Menschen, um zu helfen?

Nicht nur bei der Feuerwehr sind Menschen freiwillig im Einsatz. Auch in Sportvereinen, Umweltorganisationen oder in Schulen sind sie ehrenamtlich tätig. Mit ihrer Arbeit wollen sie anderen Menschen, Tieren oder der Umwelt helfen.

Mitgliederrekord in Brandenburger Sportvereinen

... Die Arbeit in den Vereinen wäre ohne die 55.0000 freiwilligen Mitarbeiter und Trainer undenkbar ...

Senioren gärtnern
Acht Senioren unterstützen die Kinder der Klasse 3a bei der Gestaltung ihres Schulgartens ...

Hilfe für Flüchtlinge
Viele Freiwillige im Ort unterstützen geflüchtete Menschen. Sie helfen ihnen dabei, unsere Sprache zu lernen.

Helfer im Park

Wir sollten in der Klasse auch ehrenamtlich arbeiten. Bloß wie?

Wir können uns an der nächsten Aufräumaktion im Park beteiligen und Müll einsammeln.

5 Kennst du ehrenamtliche Helfer? Berichte, was sie tun.

4 Arten ehrenamtlicher Arbeiten mithilfe der Texte und Abbildungen kennenlernen. Beispiele für den Aspekt „Wer macht was für wen und warum?" analysieren. Das Ehrenamt als freiwilligen Dienst an der Gemeinschaft begreifen. 5 Aus eigenen Erfahrungen berichten.

Mitbestimmen im Ort

1 Notiere: Welche Wünsche und Anliegen werden im Text genannt?

In der Klasse gibt es einen Klassenrat, in dem ihr eure Wünsche nennen und Entscheidungen mitbestimmen könnt, zum Beispiel das Ziel eines Klassenausflugs.

Auch die Einwohner eines Ortes haben die Möglichkeit, ihre Anliegen und Wünsche zu benennen: Die Anwohner einer Straße wollen eine Tempo-30-Zone in ihrem Wohngebiet beantragen, viele Menschen wünschen sich ein Schwimmbad und einige Einwohner sind gegen den Abriss des Brunnens auf dem Markt.

2 Welche Möglichkeiten gibt es, Anliegen in eurem Ort bekannt zu machen?

Bei Diskussionen und Demonstrationen kann man seine Meinung sagen.

Man kann für sein Anliegen Unterschriften auf einer Liste sammeln und diese dann im Rathaus einreichen.

Man kann sein Anliegen bei der Bürgersprechstunde im Rathaus vortragen.

Man kann einen Brief oder eine E-Mail ans Rathaus schreiben.

---

1 Beispiele für Mitbestimmung in einem Ort erkennen. Die verschiedenen Wünsche unterschiedlicher Interessensgruppen benennen. **2** Die eigenen Beteiligungsmöglichkeiten anhand der Texte und Abbildungen benennen.

3 Wer entscheidet im Ort, welche Anliegen der Einwohner umgesetzt werden? Schreibe Stichpunkte aus dem Text auf und berichte.

Da nicht alle Menschen im Ort an allen Entscheidungen teilnehmen können, wählen die Bürgerinnen und Bürger ihre Vertreter in den Gemeinderat oder in den Stadtrat.
Mit der Wahl entscheidet sich jeder Wähler für Personen, die seine Interessen am besten vertreten. Die Bürgermeisterin oder der Bürgermeister ist ebenfalls eine wichtige Person, die die **Gemeinde** vertritt.

Bürgermeisterin/ Bürgermeister
Sie oder er ist wie der Chef oder die Chefin im Rathaus und kümmert sich darum, dass der Ort gut funktioniert. Sie oder er sorgt dafür, dass Entscheidungen getroffen und Aufgaben erledigt werden.

Bürgerinnen und Bürger aus dem Ort

Gemeinderat/Stadtrat
Die Mitglieder beraten über fast alle wichtigen Entscheidungen im Ort. Sie bestimmen, wofür Geld ausgegeben wird, zum Beispiel für neue Projekte oder wichtige Verbesserungen.

INTERESSANT

In Brandenburg finden die Wahlen alle fünf Jahre statt. Bürgermeisterinnen und Bürgermeister werden für fünf Jahre (ehrenamtlich tätig) oder für acht Jahre (hauptamtlich tätig) gewählt.

Ich wünsche mir ...

... und ich wünsche mir ...

4 Was möchtet ihr an eurer Schule verändern? Schreibt gemeinsam eine Wunschliste.

3 Gemeinderat/Stadtrat und Bürgermeisterin/Bürgermeister als Interessenvertreter der Einwohner herausfinden. Wahl als demokratisches Mittel der Mitbestimmung erfassen. 4 Eine Wunschliste für Änderungen an der eigenen Schule erstellen.

Freizeit verbringen

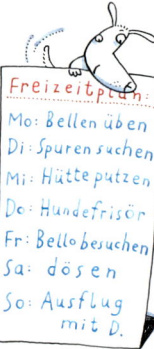

1 Wie verbringst du gerne deine Freizeit? Erzähle.

1 Aus eigenem Erfahren berichten, wie man gerne seine Freizeit verbringt. Mithilfe der Bilder Anregungen bekommen, was andere Kinder in ihrer Freizeit unternehmen: Fußball spielen, ins Kino gehen, ein Musikinstrument spielen, ein Buch lesen, schwimmen, am Computer forschen und spielen.

2 Betrachte das Lapbook. Was haben die Kinder über die Freizeitangebote im Ort herausgefunden?

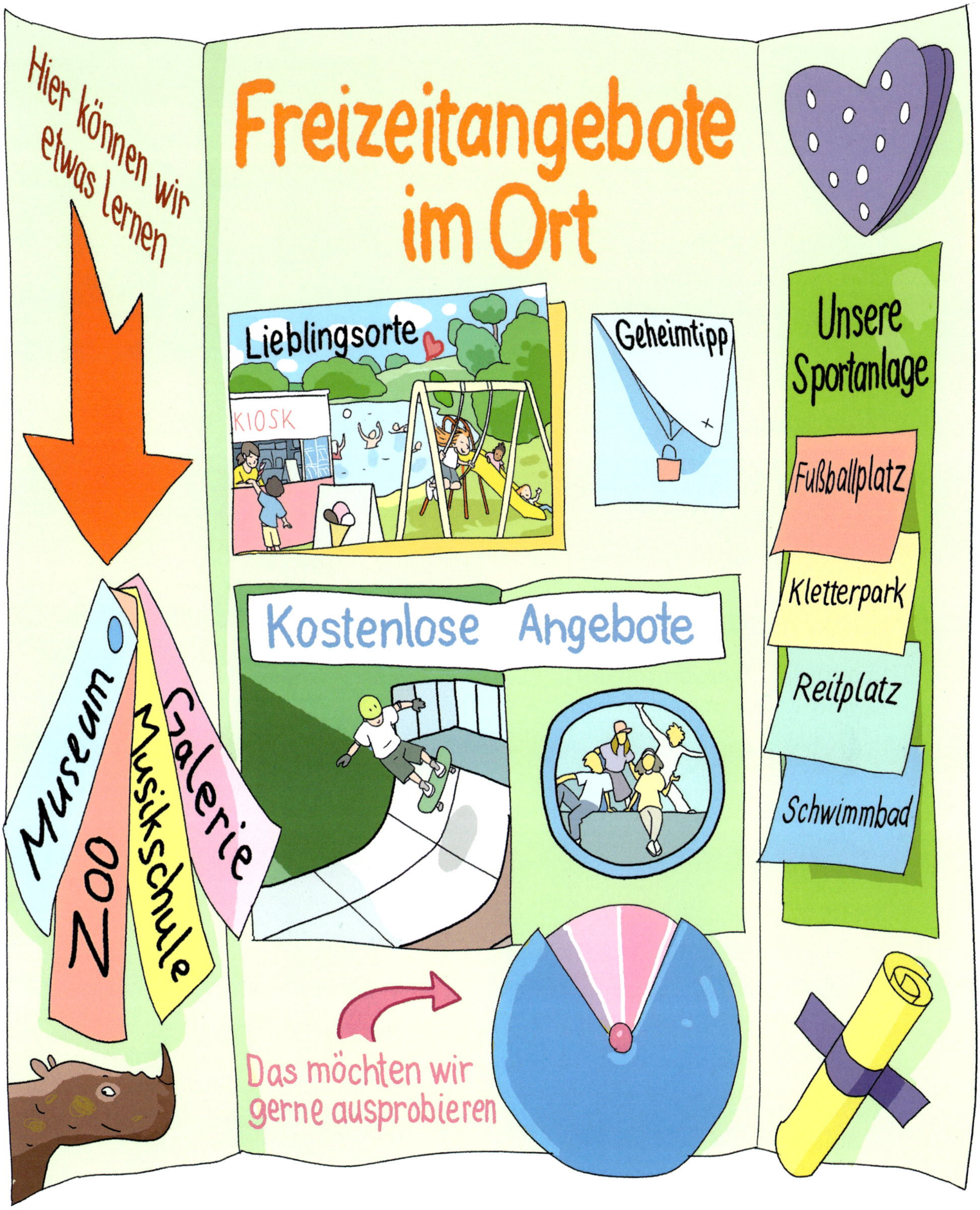

3 Welche Freizeitangebote für Kinder gibt es in eurer Umgebung? Gestaltet gemeinsam ein Lapbook.

FREUNDESEITE

Wir machen mit

A Mitgestalten im Ort

Besprecht, was ihr im Ort verändert haben möchtet.
Zum Beispiel: Ein Spielplatz in Schulnähe wäre gut.
Die Schwimmhalle soll erneuert werden.
Wie macht ihr eure Wünsche öffentlich?

B Mitmachen im Ort

Wo wollt ihr im Ort mitmachen?
Zum Beispiel:
Wir wollen beim Stadtfest mitmachen.
Besprecht genau, was alles organisiert werden muss.
Macht einen Plan.

C Ein Platz für uns

Stellt euch vor, ihr sollt einen neuen Spielplatz bekommen.

- Sammelt Ideen. Zeichnet und schreibt sie auf.
- Baut Modelle von den Spielgeräten und Bänken.
- Nutzt als Baumaterial: Ton, Knete, Pappe, Draht, Bausteine, Schnur …

A Selbstständig über Veränderungen im eigenen Ort beraten. Überlegen, wie man die eigenen Wünsche öffentlich macht. **B** Überlegen, in welchem Bereich man sich sozial engagieren möchte. **C** Ideen zu einem eigenen Spielplatz sammeln. Ein Modell bauen.

Wohnen früher

1 Wie wohnten die Menschen früher?

1 Alle Kinder überlegen sich Antworten auf die Einstiegsfrage. Die Abbildungen auf der Seite liefern Anregungen und Hilfestellungen. Die genannten Beispiele können an der Tafel dokumentiert werden. Im Anschluss werden die Vorschläge begründet und besprochen.

Leben in der Steinzeit

1 Betrachte die Abbildung. Was entdeckst du alles?

2 Erkläre, warum die Menschen in Höhlen lebten.

An einem Lagerfeuer zu schlafen, kann sicher ein aufregendes Erlebnis sein! Was aber, wenn es stürmt oder sehr kalt ist? Oder wenn sich Säbelzahnkatzen in der Umgebung aufhalten? Deshalb haben die Menschen immer schon Schutz gesucht, auch in der **Altsteinzeit**.

Die Menschen nutzten Felsüberhänge und Höhlen, in denen sie Schutz fanden. Das wissen wir, weil sie dabei Spuren hinterließen.

Die Menschen lebten vom Sammeln und Jagen. Sie suchten in ihrer Umgebung Beeren, Kräuter, Nüsse, Pflanzensamen und Pilze. Sie fingen Fische oder Vögel und jagten Tiere.

Gab es früher schon Hunde?

3 Überlege und erkläre: Warum haben die Menschen Zelte gebaut? Woraus bestanden die Zelte?

Wenn es in der Umgebung nicht mehr genug Nahrung gab oder wenn das Wild weiterzog, mussten die Menschen folgen und ihre Höhlen verlassen. Dann lebten sie in Zelten oder einfachen Hütten, weil sie diese schnell aufbauen und abbauen konnten.

In der Steinzeit wurde das Feuerschlagen erfunden. Mit einem Feuerstein erzeugt man kleine Funken und zündet Zunder an. Zunder ist ein leicht brennbares Material. Wann genau die Menschen erstmals Feuer nutzten, kann niemand genau sagen. Das Feuer gab Wärme, Licht und Schutz. Außerdem ließ sich damit das Fleisch garen, das von den erlegten Tieren stammte.

4 Schreibe oder erzähle eine kurze Geschichte, wie du das Feuer nutzen würdest.

5 Gestaltet ein Rollenspiel: Eine Gruppe von Menschen in der Altsteinzeit berät, ob sie in einer Höhle bleiben oder weiterziehen soll.

- Schutz
- Nahrungssuche
- …

Die Menschen werden sesshaft

1 Betrachte das Bild. Womit beschäftigen sich die Menschen?

2 Erkläre: Warum konnten die Menschen an einem Ort bleiben?

In der **Jungsteinzeit** kam es zu bedeutenden Veränderungen. Die Menschen entdeckten, dass sie wildes Getreide selbst aussäen und ernten konnten. So mussten sie es nicht mehr suchen und sammeln, sondern konnten es auf Feldern anbauen. Auch Erbsen und Linsen wurden ausgesät.

Außerdem begannen die Menschen, Schafe und Ziegen zu halten und zu züchten. Später kamen Schweine und Rinder hinzu. Um bei ihren Feldern und Tieren bleiben zu können, bauten die Menschen der Jungsteinzeit feste Häuser. Sie zogen nicht mehr umher, sondern wurden sesshaft.

3 Berichte: Wie wurden Langhäuser gebaut?
Vermute, wie sicher die Häuser für die Menschen waren.

In der Jungsteinzeit lebten einige Menschen in Langhäusern. Solche Häuser waren bis zu 40 Meter lang und 10 Meter breit. Die Menschen errichteten die Häuser mit Pfosten und Balken aus Holz. Man vermutet, dass die Wände aus den biegsamen Ästen der Weide bestanden. Die Äste wurden zwischen die Pfosten geflochten und mit Lehm bedeckt. Das Dach wurde mit Baumrinde, Schilf oder Stroh gedeckt. Im Inneren eines Langhauses gab es eine offene Feuerstelle.
Mehrere solcher Häuser konnten zusammenstehen.

INTERESSANT

Wie haben Menschen früher Bäume gefällt und daraus Häuser gebaut? Solche Fragen erforscht man im Archäotechnischen Zentrum Welzow. Es liegt im Süden Brandenburgs. Dort können Kinder sehen und ausprobieren, wie Menschen in der Steinzeit lebten und arbeiteten.

4 Baut ein einfaches, verkleinertes Modell eines Langhauses.
Verwendet dazu Knete, Äste, Zweige, Bindfaden, Stroh und Lehm.

Pfalzen und Burgen im Mittelalter

1 Betrachtet die Abbildung der Pfalz in Aachen. Vermutet, wie die Menschen dort gelebt haben.

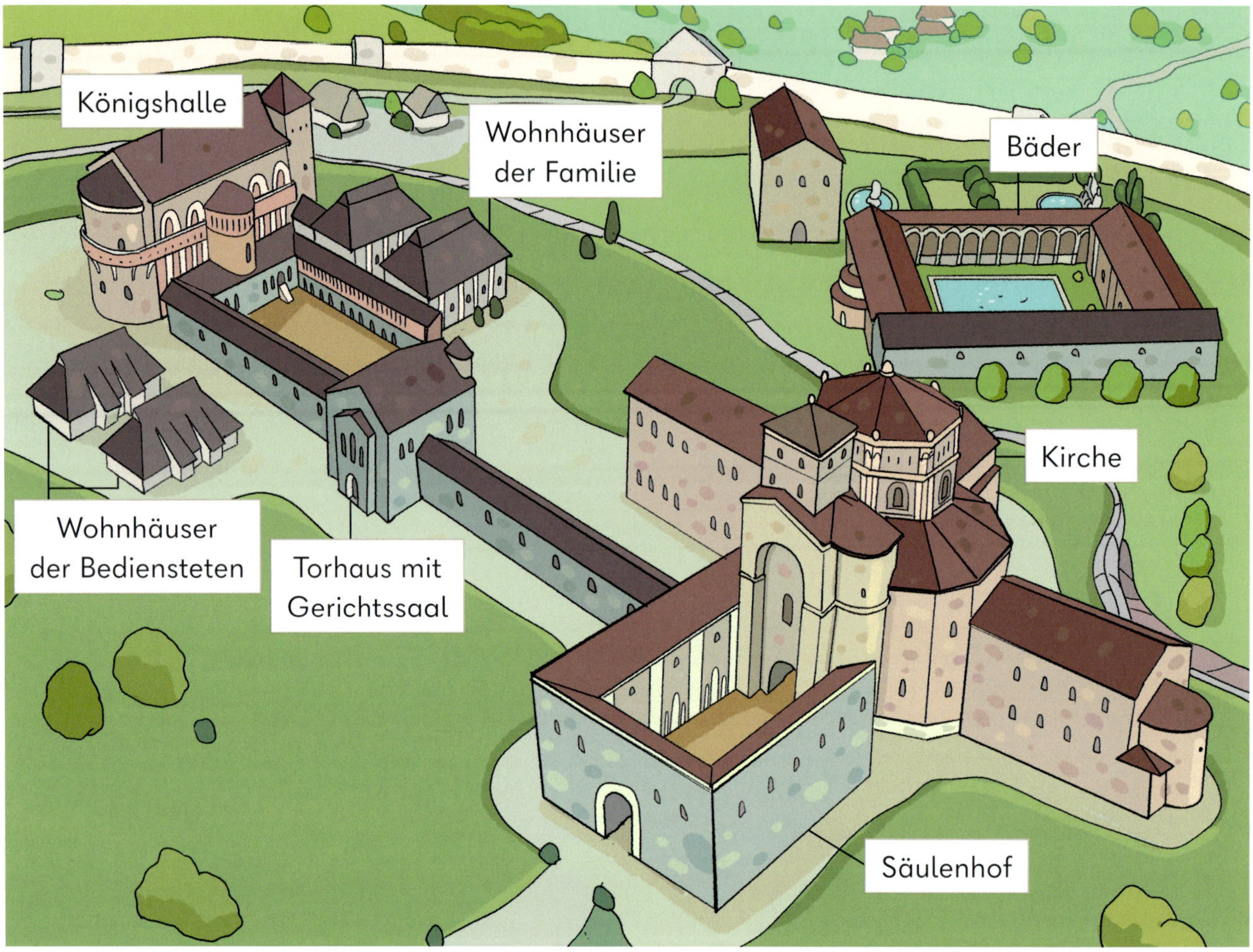

Königshalle · Wohnhäuser der Familie · Bäder · Wohnhäuser der Bediensteten · Torhaus mit Gerichtssaal · Kirche · Säulenhof

2 Wie nutzte Karl der Große die Pfalz in Aachen?

Karl der Große war ein mächtiger König, später sogar Kaiser. Da es noch keine Hauptstadt gab, ließ er im ganzen Land **Pfalzen** errichten. Dort wohnte er eine Zeit lang mit seinem Gefolge, oft mit über 1000 Leuten. Von hier aus reiste und regierte er sein Land.

Karl wohnte besonders gern in der Pfalz Aachen. Es gab ausreichend Versorgung und eine Heizung sorgte für Wärme in der Königshalle. Karl schätze auch die warmen Quellen, die große Badeanlagen füllten. Im Bad konnte er sich mit bis zu 100 Leuten von den Anstrengungen des Alltags erholen.

Karl der Große
747–814

1 Die Abbildung der Pfalz in Aachen betrachten. Vermutungen anstellen, welche Lebensweisen dort herrschten.   **2** Mithilfe des Textes lernen, was eine Pfalz ist. Beschreiben, warum Karl der Große gerne in seine Lieblingspfalz in Aachen wohnte. (Nutzung als Herrschaftssitz, gute Versorgung, warme Badeanlagen).

3 Beschreibe die Burg.

Burgtor · Bergfried · Torhalle · Wehrgang · Palas mit Kemenaten · Turm mit Verliesen · Burgkapelle · Burggarten · Burgmauer

4 Wie lebten die Menschen in Burgen? Notiere Stichpunkte.

In den oberen Etagen des Palas wohnte die Familie des Burgherrn. Im Erdgeschoss waren Räume für die Verwaltung und die Soldaten, die die Burg bewachten.

In den Burgen war es oft dunkel und kalt. Durch die kleinen Fenster kam kaum Tageslicht. Nur der Saal und wenige andere Räume ließen sich durch Kamine beheizen. Zur Beleuchtung wurden Fackeln genutzt.

Der Burgherr überwachte die Arbeit in der Landwirtschaft und kontrollierte die Einkünfte. Die Burgherrin bestimmte, was im Haushalt der Burg zu tun war – kochen, putzen, nähen. Sie erzog die Kinder. Die vielen Burgbewohner wurden von Bediensteten versorgt.

---

3 Die Abbildung einer mittelalterlichen Burg betrachten. Die Burg und ihre einzelnen Bestandteile mithilfe der Beschriftung beschreiben. **4** Mithilfe des Textes Informationen zur Lebensweise und zu den Aufgaben verschiedener Personen in mittelalterlichen Burgen erfassen. Stichpunkte notieren.

AH S. 34/35

Ein Dorf im Mittelalter

1 Viele Dörfer im Mittelalter hatten einen zentralen Platz, um den die Bauernhäuser standen. Wie stellst du dir den Alltag der Menschen vor?

1 Die Abbildung eines mittelalterlichen Dorfes betrachten. Verschiedene Bestandteile eines Dorfes erfassen und beschreiben (z.B. Dorfanger, Kirche, einzelne Häuser, Straßen, die Dorfwiese). Vermutungen anstellen, welche Lebensweisen in einem mittelalterlichen Dorf herrschten.

AH S. 36/37

2 Was erfährst du über das Leben im Dorf?
Male eine Szene aus dem Dorfleben.

Die Bauern verrichteten von früh bis spät schwere Arbeit auf den Feldern, in Gärten und im Haus. Sie mussten den Großteil der Ernte an den Besitzer des Landes, zum Beispiel den König, abgeben. Die Bauern schlachteten Vieh, stellten Käse her und verarbeiteten die Ernte. Die Frauen waren neben den häuslichen Pflichten mit Spinnen und Weben von Leinenstoffen beschäftigt.

Die Männer bauten Häuser aus einfachem Material. In ein Holzgerüst wurden Zweige eingeflochten und mit Stroh und Lehm abgedichtet.

Im Mittelalter gab es kaum Schulen für Bauernkinder. Sie mussten schon früh auf dem Hof oder den Feldern mitarbeiten, um die Familie zu unterstützen.

3 Wo hättest du im Mittelalter gerne gelebt? Auf einer Burg oder in einem Dorf? Bereite einen kurzen Vortrag vor und begründe.

FREUNDESEITE

Feuer – Nutzen und Gefahren

A Altsteinzeit

Erschöpft wärmt sich der Mann am Feuer auf.
Was hat er am Tag alles erlebt? Schreibe eine kurze Geschichte.

B Jungsteinzeit

Das Dach brennt lichterloh. Überlege: Wie könnte das Feuer entstanden sein?

C Mittelalter

Was könnte im Kessel sein? Forsche nach, was im Mittelalter gekocht wurde.

Die Vorteile und Nachteile des Feuers für die Menschen begreifen. **A** In einer Kurzgeschichte beschreiben, was ein Höhlenmensch erlebt haben könnte. **B** Überlegen, wie Feuer in einem Haus entstehen konnte (z. B. Blitzschlag, Feuerstelle entzündet das Haus). **C** Herausfinden, was im Mittelalter gekocht wurde.

Auf Hof und Feld

1 Woher kommen unsere Lebensmittel?

---

1 Alle Kinder überlegen sich Antworten auf die Einstiegsfrage. Die Abbildungen auf der Seite liefern Anregungen und Hilfestellungen. Die genannten Beispiele können an der Tafel dokumentiert werden. Im Anschluss werden die Vorschläge begründet und besprochen.

Obst aus Brandenburg

1 Betrachte die Fotos. Welches Obst hast du schon einmal probiert? Welche anderen Obstsorten kennst du? Berichte.

2 Werte das Säulendiagramm aus: Wie viel dieser Obstsorten essen die Deutschen im Jahr? Welche Obstsorte wird am meisten gegessen?

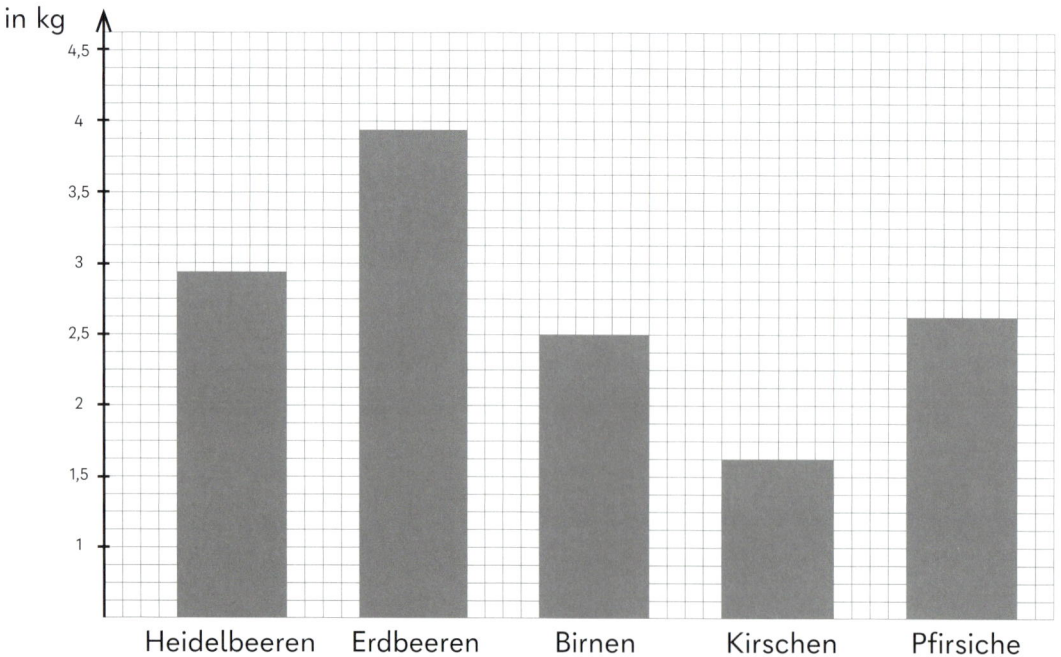

3 Fragt in der Klasse: Welches Obst esst ihr am liebsten? Erstellt ein eigenes Säulendiagramm.

4 Betrachtet die Apfelblüte. Benennt und beschreibt ihre Bestandteile mithilfe der Abbildungen.

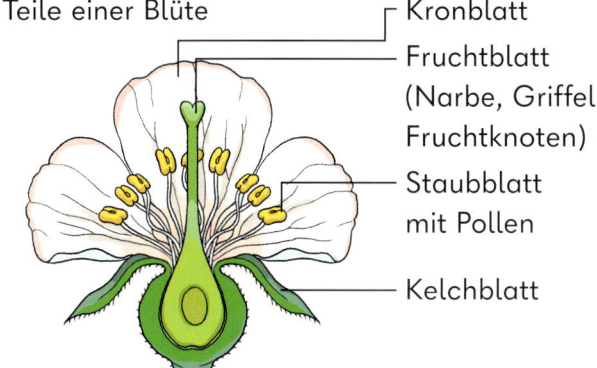

Teile einer Blüte — Kronblatt
— Fruchtblatt (Narbe, Griffel, Fruchtknoten)
— Staubblatt mit Pollen
— Kelchblatt

5 Wie wird aus einer Apfelblüte ein Apfel? Erkläre das Schaubild in eigenen Worten.

Die Apfelblüte wird bestäubt und befruchtet

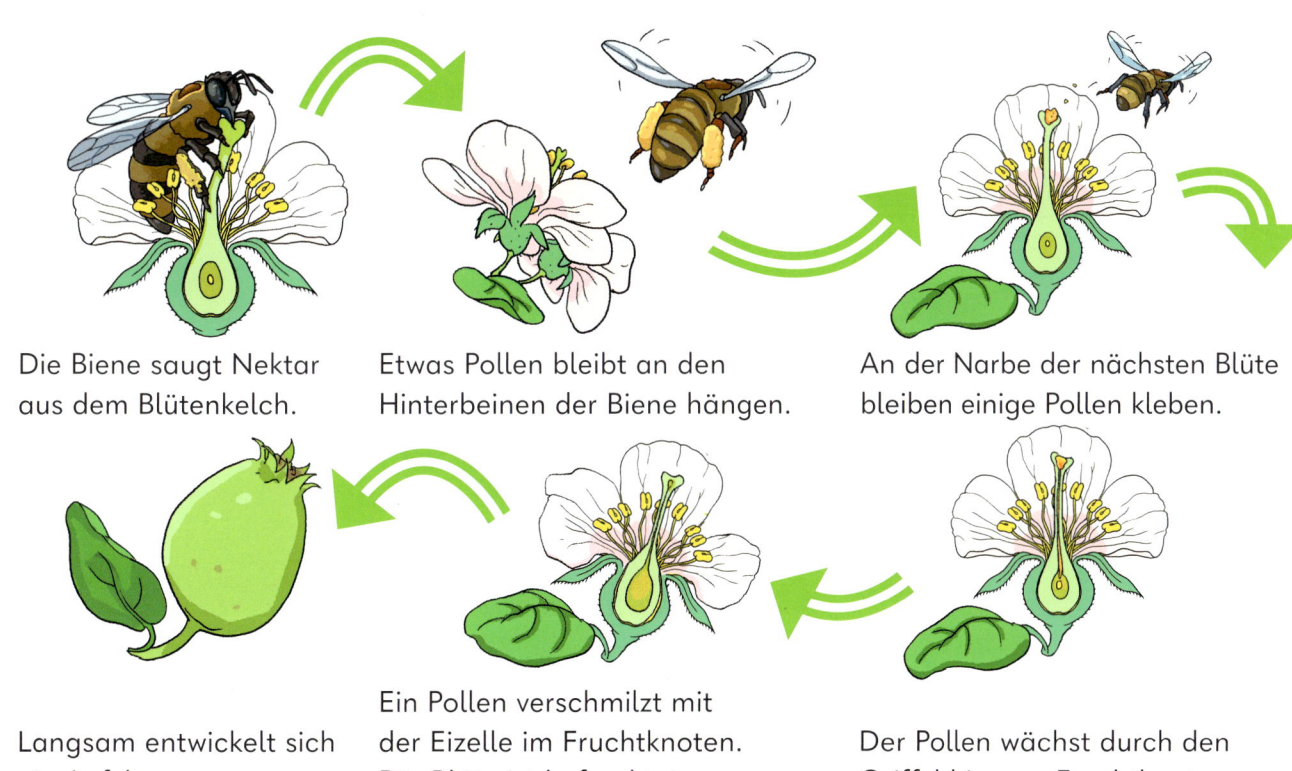

Die Biene saugt Nektar aus dem Blütenkelch.

Etwas Pollen bleibt an den Hinterbeinen der Biene hängen.

An der Narbe der nächsten Blüte bleiben einige Pollen kleben.

Langsam entwickelt sich ein Apfel.

Ein Pollen verschmilzt mit der Eizelle im Fruchtknoten. Die Blüte ist befruchtet.

Der Pollen wächst durch den Griffel bis zum Fruchtknoten.

INTERESSANT

Äpfel sind die beliebteste Obstsorte in Deutschland. 17 kg isst jeder von uns pro Jahr.

4 Das Foto und die Illustration der Apfelblüte betrachten. Die verschiedenen Bestandteile der Blüte kennenlernen und beschreiben. **5** Das Schaubild betrachten und in eigenen Worten wiedergeben, wie aus der Blüte eines Apfelbaumes ein Apfel entsteht.

WW S. 14/15

Unser Gemüse

1 Welches Gemüse kennst du? Welches hast du schon einmal gegessen?

Kohlgemüse

Wurzelgemüse

Zwiebelgemüse

Fruchtgemüse

Blattgemüse

Sprossengemüse

Gemüse kennen

1. Kohlrabi 2. Rotkohl 3. Blumenkohl 4. Rosenkohl
5. Brokkoli 6. Karotte 7. Radieschen 8. Rote Beete
9. Pastinake 10. Zwiebel 11. Knoblauch 12. Tomate
13. Paprika 14. Zucchini 15. Gurke 16. Kürbis
17. Chicorée 18. Kopfsalat 19. Spinat
20. Rucola 21. Kresse 22. Bohnensprosse

1 Unterschiedliche Arten von Gemüse kennenlernen (Kohlgemüse, Wurzelgemüse usw.). Erkennen, dass Gemüse in Gruppen eingeteilt werden kann. Verschiedene Beispiele für die Gemüsegruppen kennen und benennen. Die Bedeutung von Gemüse als Nahrungspflanze begreifen.

AH S. 40/41

2 Was Pflanzen zum Wachsen brauchen.
Lest den Text und erklärt dann die Abbildung.

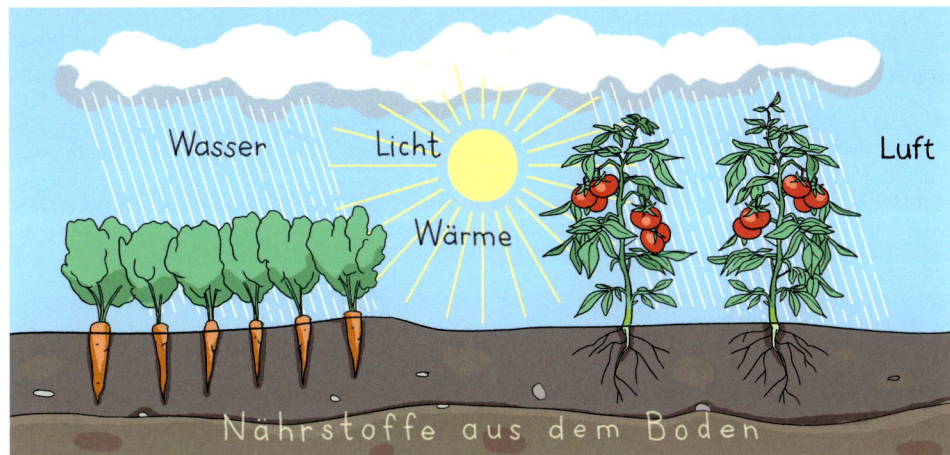

Das Wetter bestimmt, wann Gemüsesorten im Freien ausgesät oder angepflanzt werden können. Der Boden liefert den Pflanzen Nährstoffe zum Wachsen, die sie durch die Wurzeln aufnehmen. Zum Wachsen brauchen sie regelmäßig Wasser. Außerdem brauchen sie ausreichend Wärme, Luft und Licht.

Alle Pflanzen reifen zu unterschiedlichen Zeiten. Die Ernte hängt vor allem vom Anbaugebiet und vom Wetter ab.

3 Stellt euch gegenseitig Fragen zum Erntekalender.

- Ab wann wird …?
- Wie lange kann …?

Ernte von Gemüse im Freiland

	April	Mai	Juni	Juli	Aug.	Sept.	Okt.	Nov.	Dez.
Karotte									
Gurke									
Tomate									
Kürbis									
Radieschen									
Paprika									

2 Anhand des Textes erklären, dass Pflanzen zum Wachsen Licht, Wärme, Wasser, Nährstoffe und Luft brauchen. Den Zusammenhang zwischen Anbaugebiet, Klima und verschiedenen Erntezeitpunkten von Gemüsesorten erkennen. **3** Den Erntekalender mithilfe von Fragen kennen- und verstehen lernen.

AH
S. 38/39

Tomaten anbauen – hier und anderswo

1 Berichte, wie Tomaten zu uns nach Deutschland kamen.

Die Tomate gehört zu den beliebtesten Gemüsesorten.
Sie stammt ursprünglich aus Süd- und Mittelamerika.

Vor über 500 Jahren brachte der italienische Seefahrer Christoph Kolumbus die ersten Tomaten nach Europa. Zuerst waren die Menschen sehr misstrauisch und nutzten die Pflanze nur als Blumenschmuck.

2 Beschreibt in eigenen Worten, was die Kinder tun.

Aussäen
- im April in einer Aussaatschale
- gleichmäßig feucht halten
- Temperatur im Raum: etwa 22°C

Vereinzeln
- Pflanzen einzeln in Töpfe setzen, wenn sich zwei Laubblätter gebildet haben
- diesen Vorgang nennt man auch Pikieren
- Topfgröße: 10 cm Durchmesser

Auspflanzen
- Töpfe tagsüber ins Freie stellen
- Auspflanzen, wenn sicher kein Frost mehr zu erwarten ist
- 60 cm Abstand zwischen den Pflanzen einhalten, gleich gut düngen

Pflegen
- Pflanzen düngen und gießen
- Stabtomaten anbinden
- Seitentriebe entfernen, damit große Tomaten wachsen

Das geht auch auf dem Balkon.

3 Vermutet: Welche Vorteile und Nachteile hat der Anbau von Tomaten bei uns und in Spanien?

Weil viele Menschen gern das ganze Jahr über Tomaten essen möchten, werden sie aus anderen Ländern eingeführt, zum Beispiel aus Spanien. Hauptanbaugebiet für spanische Tomaten ist die Region Almería im Süden des Landes. In über 40.000 Gewächshäusern oder unter Kunststoffplanen werden die Pflanzen angebaut. Dort wachsen sie ganzjährig.

Am Tag der Ernte werden die Tomaten sortiert und für den Versand verpackt. Zwei Tage lang fährt der Kühl-LKW von Spanien nach Deutschland. Hier angekommen, werden die Tomaten zuerst in Kühlhallen gelagert und dann in die Supermärkte geliefert. Zwischen Ernte und Verkauf vergehen ungefähr vier Tage.

4 Werte das Säulendiagramm aus.
Wie werden Tomaten am meisten gegessen?

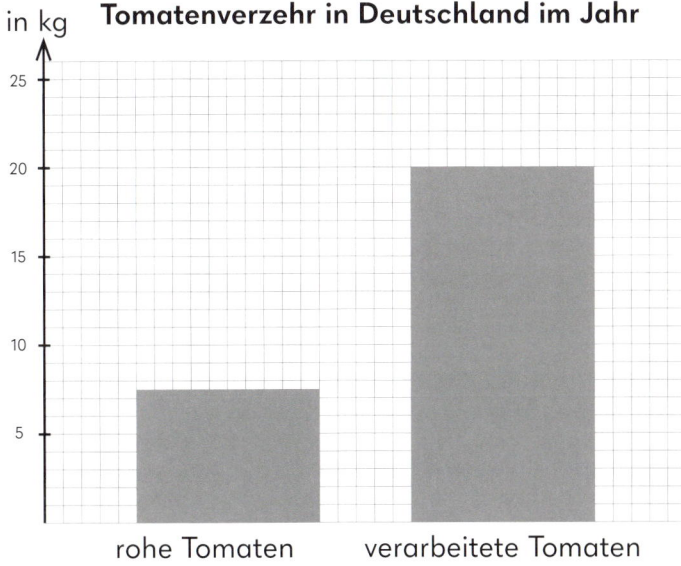

INTERESSANT

Tomaten aus Spanien haben einen Transportweg von ca. 2 200 km. Aus den Niederlanden sind es ca. 400 km.

Vom Korn zum Brot

1 Das Schaubild zeigt, wie Winterweizen gesät und verarbeitet wird. Vermute: Wann wird das Korn gesät und wann das Getreide geerntet?

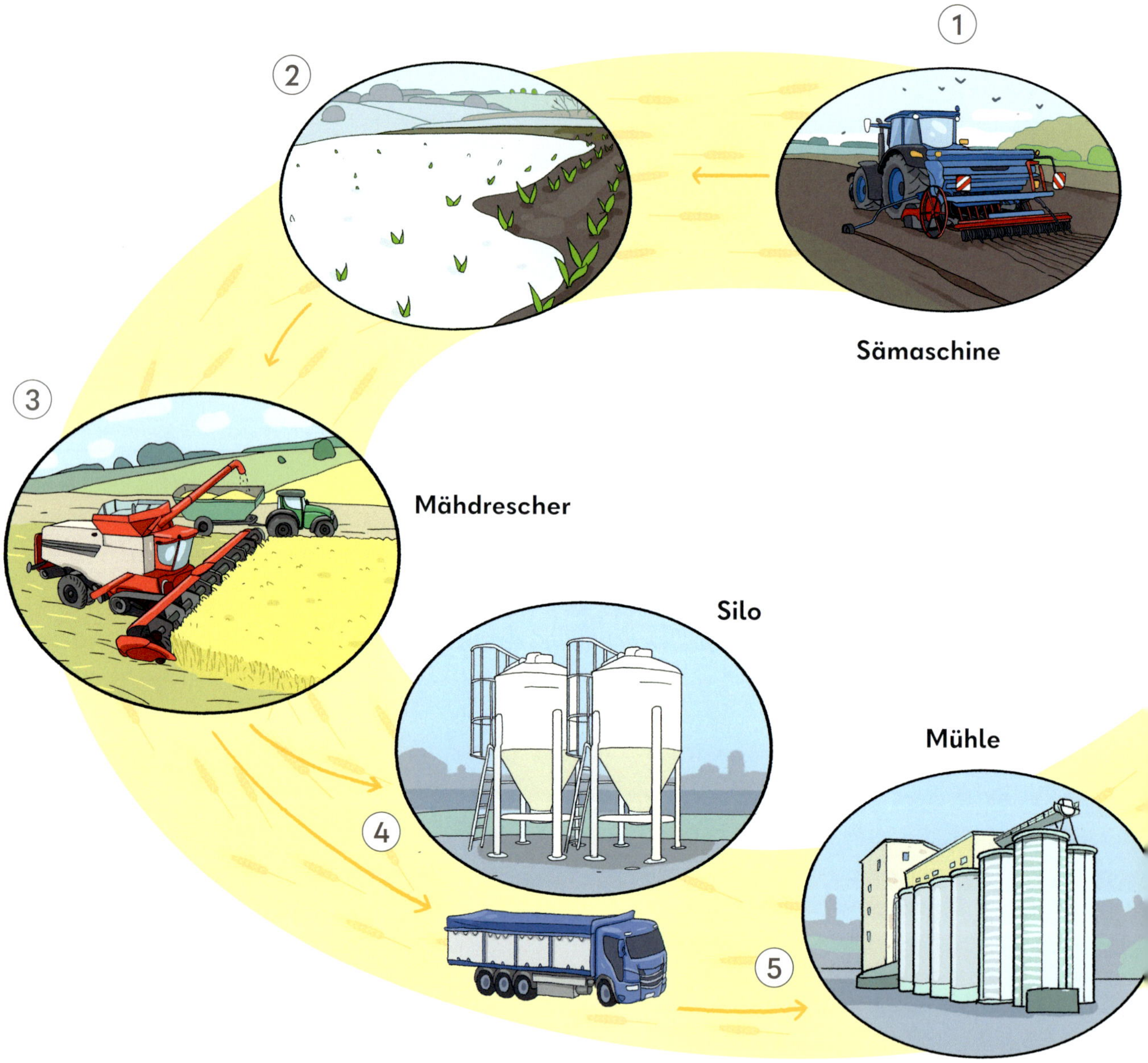

① Sämaschine
②
③ Mähdrescher
④ Silo
⑤ Mühle

① Im Herbst verteilt die Sämaschine die Getreidesamen auf dem Acker.
② Im Winter schauen Pflänzchen aus der Erde. Manchmal sind sie vom Schnee bedeckt.
③ Im Sommer schneidet und drischt der Mähdrescher das Getreide. Es wird entweder zu Großsilos oder zur Mühle gefahren.
④ In Großsilos kann das Getreide eine Zeit lang gelagert werden.
⑤ In der Mühle wird das Getreide gereinigt, gesiebt, gemahlen und verpackt.

1 Das Schaubild betrachten. Mithilfe der Bilder erkennen, zu welchen Jahreszeiten Winterweizen gesät und geerntet wird: 1. Im Herbst wird der Weizen ausgesät. 2. Die Weizenpflanzen überdauern den Winter. 3. Im Sommer wird das Getreide geerntet und zum Silo oder direkt zur Mühle gefahren.

AH S. 42/43   WW S. 14/15

2 Lies die Texte und erkläre das Schaubild in eigenen Worten.

3 Die Mühle verkauft das Mehl nicht nur an Bäckereien, sondern auch an Supermärkte. Erkundet, welche Mehlsorten dort angeboten werden. Auswelchem Getreide sind sie gemahlen?

Bäckerei

⑥ In der Großbäckerei oder in kleinen Bäckereien wird Brot gebacken.
⑦ In Verkaufsstellen gibt es viele Sorten Brot zu kaufen.
⑧ Guten Appetit!

2 Das gesamte Schaubild mithilfe der Beschriftung und der einzelnen Arbeitsschritte begreifen. In eigenen Worten den Weg vom Korn zum Brot wiedergeben. **3** Erkennen, dass Mehl in verschiedene Einzelhandelsgeschäfte geliefert wird. Den Zusammenhang zwischen Getreidesorten und Mehlsorten erkennen.

AH S. 42/43 WW S. 14/15

Das Hühnerei

1 Welche Speisen, die mit Eiern zubereitet werden, kennst du?

Eier enthalten wertvolle Inhaltsstoffe, die für unsere Ernährung wichtig sind. Sie sind ein vielseitiges Nahrungsmittel. Eier schmecken nicht nur als gebratenes Ei oder als Rührei. Sie sind auch Zutat in vielen weiteren Gerichten. Die Inhaltsstoffe werden uns sogar in einer natürlichen Verpackung geliefert, der Kalkschale mit der Schalenhaut.

2 Lies den Text. Erkläre in eigenen Worten, wie aus einem Ei ein Küken entsteht.

Hennen legen Eier. Wenn ein Hahn die Eier befruchtet hat, dann können die Eier von der Henne, die jetzt Glucke genannt wird, ausgebrütet werden. Ein Küken braucht 21 Tage, bevor es schlüpft. In dieser Zeit ist der Inhalt des Eis, das Eigelb und Eiklar, wertvolle Nahrung für das Küken.

Die Glucke wärmt die Eier 21 Tage lang, damit das Küken genügend Zeit hat, sich zu entwickeln und zu wachsen.

Die Küken schlüpfen aus dem Ei. Ihr Gefieder ist weich und flauschig. Sie können schon erste Schritte machen.

INTERESSANT

Eine Henne legt etwa 300 Eier im Jahr. In Deutschland isst jeder Mensch im Durchschnitt 236 Eier im Jahr: als Frühstückseier, als Zutaten in Kuchen oder in Nudeln.

3 Schlage ein Ei vorsichtig auf einem Teller auf.
Suche die Teile, die in der Zeichnung beschriftet sind.

EXPERIMENT

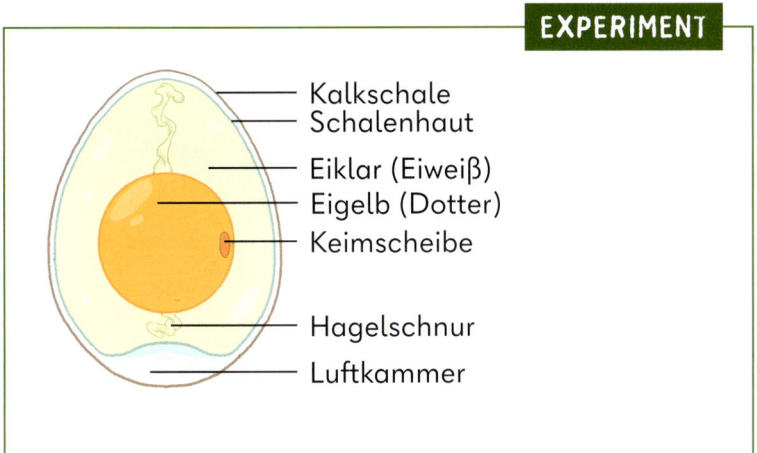

- Kalkschale
- Schalenhaut
- Eiklar (Eiweiß)
- Eigelb (Dotter)
- Keimscheibe
- Hagelschnur
- Luftkammer

4 Findet heraus, woher die Eier kommen, die ihr eingekauft habt.

Die **erste Zahl** auf dem Stempel gibt an, wie die Hühner gehalten werden:

- 0   Ökologische Haltung
- 1   Freilandhaltung
- 2   Bodenhaltung

Die **Buchstaben** danach stehen für das Land, aus dem das Ei kommt. Zum Beispiel:

- DE   Deutschland
- NL   Niederlande

Die **folgenden Ziffern** sind die Nummern der landwirtschaftlichen Betriebe, in denen die Hühner gehalten werden. Dabei zeigen die ersten beiden Ziffern das Bundesland an. Zum Beispiel:

- 11   Berlin
- 12   Brandenburg

5 Findet heraus, was ökologische Haltung, Freilandhaltung und Bodenhaltung bedeuten. Nutzt das Internet.

---

3 Die Bestandteile des Eis anhand eines eigenen Versuches entdecken. **4** Erkennen, wie man sich über die Herkunft von Eiern informieren kann. Beschriftungen auf Eiern beim Kauf nutzen. **5** Auf verschiedene Haltungsformen aufmerksam werden und sich darüber informieren, was sie bedeuten.

AH S. 45   **WW** S. 10/11

Der Weg der Milch

1 Betrachte das Schaubild. Was entdeckst du alles?

① Wenn ein Kalb geboren wird, wird Milch im Kuheuter gebildet. Die Milch enthält wertvolle Nährstoffe. Sie wird von Menschen als Lebensmittel genutzt.

② Die Kühe werden zweimal täglich im Melkstand gemolken.

③ Die gemolkene Milch fließt über Schläuche in einen großen Kühltank.

④ Jeden Tag holt ein Fahrer mit seinem Milch-Tankwagen die Milch ab. Er bringt sie in eine Molkerei oder in eine Käserei.

2 Lies alle Texte. Schreibe unbekannte Wörter auf.
Suche heraus, was sie bedeuten.

3 Erkläre in eigenen Worten, wie die Milch vom Bauernhof in den Supermarkt kommt.

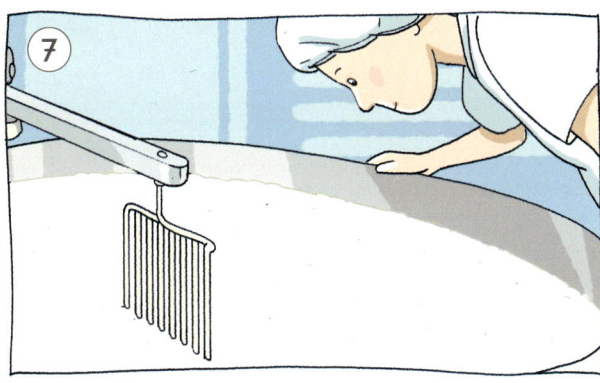

⑤ In der Molkerei wird die Milch kurz erhitzt
und schnell wieder abgekühlt (pasteurisiert).
⑥ Die so behandelte Milch kommt in Abfüllbehälter.
Aus der Milch werden auch andere Produkte wie Joghurt, Butter,
Quark und Sahne hergestellt.
⑦ Käsereien produzieren aus Milch Käse.
⑧ Aus den Molkereien und Käsereien werden die Produkte zum Großhandel
und dann in die Lebensmittelgeschäfte gebracht.

FREUNDESEITE

Obst, Gemüse und Kräuter

A Obst und Gemüse aus dem Supermarkt

Schreibe in eine Tabelle zehn Obst- und Gemüsesorten, die im Supermarkt angeboten werden. Schätze die Transportwege für die angebotenen Waren ein:

- aus der Region: nah
- aus Deutschland: weit
- aus dem Ausland: sehr weit

Obst- und Gemüsesorten	Transportweg
Banane	

B Eine Bohne wächst   **EXPERIMENT**

Ihr braucht:
- Schuhkarton, zwei Pappen, Schere, Klebstoff
- Topf mit drei eingepflanzten Bohnensamen
- Wasser zum Gießen

Geht so vor:
- Schneidet in die Schmalseite ein kleines Loch.
- Befestigt im Schuhkarton zwei Pappstreifen.
- Stellt einen Topf mit drei frisch gesäten Bohnensamen in den Karton. Feuchtet die Erde an und schließt den Deckel.
- Beobachtet die Pflanze einmal am Tag.
- Haltet die Erde feucht.

C Kräuterquark zubereiten

Zutaten:
- 500 g Quark (Fettgehalt: 20 % Fett)
- Gartenkräuter (Schnittlauch, Basilikum, Bohnenkraut, Thymian, Petersilie, Dill) oder Tiefkühlkräuter
- Salz, Pfeffer

Zubereitung:
- Wascht die Kräuter ab, tupft sie trocken und schneidet sie in kurze Stücke.
- Rührt die Kräuter mit einer Gabel in den Quark.
- Salzt und pfeffert nach Geschmack.

A Transportwege von Obst und Gemüse einschätzen. Die Vorteile und Nachteile der verschiedenen Anbaugebiete analysieren und kritisch bewerten. **B** Einen Versuch zum Wachstum von Feuerbohnen durchführen und auswerten. **C** Selbst eine Speise aus einem Milchprodukt und Kräutern zubereiten.

Wir kaufen ein

1 Wie kaufen wir ein?

Was wollen wir am Wochenende essen?

Kann ich den Kinderjoghurt haben?

Ich hab da was in der Werbung gesehen …

Wir haben gar keine Tasche dabei.

Muss es denn immer etwas Gesundes sein?

1 Alle Kinder überlegen sich Antworten auf die Einstiegsfrage. Die Abbildungen auf der Seite liefern Anregungen und Hilfestellungen. Die genannten Beispiele können an der Tafel dokumentiert werden. Im Anschluss werden die Vorschläge begründet und besprochen.

Wo wir einkaufen

1 Welche Waren gibt es an den unterschiedlichen Orten zu kaufen?

Wochenmarkt

"Auf dem Wochenmarkt bekomme ich Produkte aus der Region. Die Waren haben keine langen Wege und sind frisch."

Bäckerei (Einzelhandelsgeschäft)

"Am Wochenende essen wir gern frische Brötchen vom Bäcker."

Kiosk

"Ich kaufe mir am Kiosk vom Taschengeld eine Zeitschrift und Süßigkeiten."

2 Besprecht zu zweit: Warum kaufen die Menschen gerne auf dem Wochenmarkt, in der Bäckerei und am Kiosk ein?

---

1 Erkennen, dass man an verschiedenen Orten unterschiedliche Produkte kaufen kann (Wochenmarkt: z.B. frisches Obst und Gemüse; Bäckerei: Backwaren; Kiosk: Zeitschriften, Süßigkeiten). **2** Gründe nennen, warum in kleinen Geschäften eingekauft wird (z.B. Regionalität, Nähe zur Wohnung, Frische der Waren).

3 Wie unterscheidet sich der Einkauf im Supermarkt vom Lieferservice?

4 Wo könnt ihr in der Umgebung einkaufen? Schreibt und zeichnet auf ein DIN-A4-Blatt.

3 Verschiedene Arten des Einkaufs im Supermarkt oder per Lieferservice kennenlernen. Unterschiedliche Wege zum Einkaufen und vielfältige Möglichkeiten des Transports der eingekauften Waren anhand der Bilder und Texte erarbeiten.   4 Bezug zur eigenen Lebenswelt und zu eigenen Einkaufsmöglichkeiten nehmen.

Wie und was wir einkaufen

1 Überlege: Wovon lässt du dich beim Einkaufen beeinflussen?

Wir kaufen ein, was auf der Einkaufsliste steht ... Das stimmt nicht ganz. Forscher haben herausgefunden, dass unsere Einkäufe auch von vielen weiteren Dingen beeinflusst werden.

Das beeinflusst unseren Einkauf:

- das Aussehen und die Verpackung von Produkten
- der Preis
- die Marke und der Hersteller
- die **Qualität**
- die **Gewohnheit**
- die Werbung

2 Besprecht: Warum kauft die Familie die verschiedenen Produkte? Ordne jeder Sprechblase einen Punkt aus Aufgabe 1 zu.

Bring die Tomaten zurück. Die kaufen wir auf dem Markt. Da sind sie frischer.

Wir kaufen immer nur diese Sorte Milch.

Die Äpfel sehen gut aus und sind gesund.

Die Würstchen aus der Werbung sind günstiger.

Mit dem Markenprodukt kaufen wir Qualität.

1 Bezug zur eigenen Lebenswelt nehmen und überlegen, wovon das eigene Einkaufsverhalten beeinflusst wird (zum Beispiel Preis, Qualität, Gewohnheit). **2** Mithilfe von Aufgabe 1 die verschiedenen Kaufkriterien mit der Produktauswahl der abgebildeten Familie in Verbindung bringen.

AH S. 50/51

3 Wie funktioniert Werbung? Erkläre in eigenen Worten.

Unsere Kaufentscheidungen werden oft durch Werbung beeinflusst. Die Menschen, die Werbung machen, wollen erreichen, dass möglichst viele Leute ein Produkt kaufen. Dafür stellen sie die Vorteile des Produkts in den Vordergrund. Die Nachteile werden nicht genannt.

Werbung entdeckst du überall:

So sauber war Ihre Wäsche noch nie!

INTERESSANT

In Deutschland wird jedes Jahr viel Geld für die Gestaltung von Werbung ausgegeben. 2023 zum Beispiel 33,8 Milliarden Euro.

4 Sammle eine Woche lang Werbung für Lebensmittel. Gestalte ein Plakat und stelle es in der Klasse vor. Erläutere: Woher hast du die Werbung?

Im Supermarkt

1 Wobei sollen Tricks im Supermarkt helfen?

Die meisten Nahrungsmittel kaufen wir schnell und günstig in einem Supermarkt. Jeder Supermarkt hat verschiedene **Abteilungen**, in denen jeweils eine **Warengruppe** zu finden ist. Die Geschäfte sind alle ähnlich eingerichtet. Mithilfe von Tricks soll man mehr kaufen als geplant.

2 Wie werden Kunden zum Kaufen angeregt? Arbeitet zu zweit: Jeder liest drei Texte. Stellt euch die Inhalte gegenseitig vor.

Durch den ganzen Markt

Artikel des täglichen Bedarfs wie Obst, Saft, Milch oder Brot sind über den gesamten Supermarkt verteilt. So müssen wir Kunden an fast allen Regalen vorbei und greifen öfter zu.

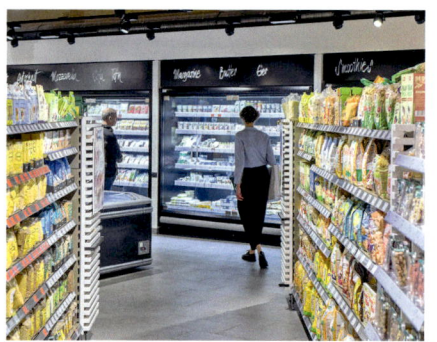

Das hält auf – Obst und Gemüse am Anfang

Obst und Gemüse sind häufig am Eingang zu finden. Durch Spiegel über den Früchten wird das Gefühl erzeugt, dass das Angebot riesig ist. Die Auswahl braucht also Zeit. So werden wir direkt am Anfang aufgehalten und gehen nicht zu schnell durch den Laden.

Musik und Beleuchtung

Wo es gemütlich ist, hält man sich gerne auf. Deshalb spielen viele Supermärkt leise Musik aus Lautsprechern. Im ganzen Laden ist das Licht hell und angenehm. In der Fleischabteilung ist rotes Licht, damit das Fleisch besonders frisch wirkt.

---

1 Den Aufbau von Supermärkten kennenlernen und erfahren, dass viele Märkte ähnlich aufgebaut sind.
2 Mit einem Partnerkind die Texte auf den Seiten 106 und 107 aufteilen (auch niveaudifferenziert möglich). Erkennen, mit welchen Verkaufsstrategien Supermärkte zum Kaufen animieren wollen.

Die Regale

Waren, die wir häufig brauchen und sowieso kaufen, sind in den unteren und oberen Regalen zu finden. In bequemer Griffhöhe stehen zum Beispiel Neuheiten. Am meisten werden Produkte in der „Sichtzone", also in Augenhöhe, beachtet. Dort stehen die teuersten Waren.

Die Stopper

Damit die Kunden nicht zu schnell durch den Markt gehen, stehen „Stopper" in den Wegen. Das sind zum Beispiel Paletten mit Sonderangeboten. Wir greifen schnell zu und kaufen etwas, das nicht auf unserem Einkaufszettel steht.

Die Kassenzone

In der Kassenzone stehen kleine Produkte wie Süßigkeiten und Zeitschriften, die vor allem Kinder anlocken. So wird die Wartezeit in der Kassenschlange verkürzt. Weil es kleinere Packungen sind, scheinen sie auch günstiger zu sein.

3 Gehe in einen Supermarkt. Notiere Stichpunkte und berichte in der Klasse. Du kannst auch einen Plan zeichnen.

- Welche Reihenfolge haben die Abteilungen?
- Welche Nahrungsmittel findest du in welcher Abteilung?
- Welche Tricks aus den Texten konntest du beobachten?

Den Einkauf bezahlen

1 Wofür bezahlen wir im Supermarkt?

Alle Produkte im Supermarkt müssen bezahlt werden. An der Kasse wird der Strichcode, der auf jedem Produkt ist, gescannt. So erfasst die Kasse den Preis des Produkts und rechnet am Ende die Gesamtsumme aus.

Alle Waren haben einen Wert, deshalb bezahlen wir dafür einen bestimmten Preis. Dieser Preis wird auch von Angebot und Nachfrage bestimmt.
Wenn viele Leute eine Ware haben wollen, wird der Preis oft höher gesetzt. Auch alle, die im Supermarkt arbeiten, müssen bezahlt werden.

2 Auf welche Arten können wir heute bezahlen?

Bevor es Münzen und Papiergeld gab, tauschten die Menschen gegenseitig Waren oder Dienstleistungen. Sie brauchten kein Geld.

Heute bezahlen wir mit Münzen und Geldscheinen. Das nennt man Bargeld. Wir können auch mit einer Bankkarte oder dem Handy zahlen, also bargeldlos. Dann ist die gezahlte Summe nur noch als Zahl auf dem Konto zu lesen.
Mit dem Geld, das Menschen durch ihre Arbeit verdienen, können sie Waren oder **Dienstleistungen** kaufen. Ein Leben ohne Geld ist heute kaum möglich.

3 Was könnt ihr mit eurem Taschengeld machen? Tauscht euch aus.

kaufen • sparen • schenken • spenden • leihen

1 Erkennen, dass sich Preise im Supermarkt aus verschiedenen Faktoren zusammensetzen (Produktpreis, Personalpreis). **2** Bezahlmodelle früher (Tauschen) und heute (Münzen, Scheine, Bankkarte oder Handy) verstehen und unterscheiden. **3** Überlegen und berichten, was mit dem eigenen Taschengeld gemacht wird.

4 Bevor wir im Supermarkt Milch kaufen können, sind viele Arbeitsschritte nötig. Erkläre das Schaubild in eigenen Worten.

Frischmilch kaufen – wie der Preis entsteht.

- 1 für den Landwirtschaftsbetrieb und die Arbeitskräfte
- 2 für den Transport zur Molkerei und die Arbeitskräfte
- 3 für die Molkerei und die Arbeitskräfte
- 4 für die Verpackung und die Arbeitskräfte
- 5 für die Lagerung und die Arbeitskräfte
- 6 für den Supermarkt und die Arbeitskräfte

4 Mithilfe des Schaubildes am Beispiel von Milch erkennen, dass vor dem Einkauf von Waren viele Arbeitsschritte nötig sind. Verstehen, wie sich aus diesen der Preis von Waren zusammensetzt (Arbeitsschritt und Arbeitskraft). Das Schaubild mit eigenen Worten erklären.

Einen Einkauf transportieren und auspacken

1 Lest die Argumente und besprecht: Sind Verpackungen für Waren notwendig oder geht es auch ohne Verpackung?

- Sie schützen die Waren.
- Sie machen den Transport möglich, zum Beispiel Flüssigkeiten in Flaschen.
- Sie zwingen den Kunden, eine größere Menge zu kaufen, zum Beispiel viele Schokoriegel in einer Packung.
- Sie enthalten Informationen zu den Waren.
- Sie enthalten Werbung für weitere Produkte.

2 Schau dir den nächsten Einkauf deiner Familie an.
Aus welchem Material sind die Verpackungen? Berichte.

3 Sammelt Argumente für und gegen die Benutzung von Plastiktüten, Papiertüten und Stoffbeuteln.

… verrotten erst nach 500 Jahren.

… muss ich im Supermarkt bezahlen …

… sind nicht wasserdicht.

… kann ich nochmal verwenden.

… sind umweltfreundlicher als …

4 Müll sollte getrennt werden. In welche Tonnen gehören Marmeladengläser, Schuhkartons, Zahnbürsten und Joghurt-Becher?

Wertstoffe	Altpapier	Glas	Restmüll
Gelbe Tonne	**Blaue Tonne**	**Farbige Container**	**Graue Tonne**
alle Verpackungen aus Metall, Kunststoff und Verbundmaterialien aus Papier, Kunststoff und Aluminium	sauberes und fettfreies Papier, Pappe und Karton	saubere Gläser und Flaschen in verschiedenen Farben	nicht verwertbare Abfälle

5 Lies den Text. Was ist Recycling? Erforsche an einem Beispiel, wie Recycling funktioniert. Nutze das Internet.

Nicht immer kann Verpackungsmüll vermieden werden. Der Verpackungsmüll wird getrennt und die **Rohstoffe** können wiederverwendet werden.
Die Wiederverwendung nennt man Recycling. Auch Glasflaschen oder Papier können recycelt werden. So entstehen aus alten Produkten neue Dinge.

FREUNDESEITE

Rund um den Einkauf

A **Wünsche haben**

Jedes Kind hat Wünsche. Führt dazu in der Klasse eine Umfrage durch. Jeder darf drei Wünsche nennen. Ordnet die Wünsche nach:

| Wunsch – mit Geld zu erfüllen | Wunsch, der nichts kostet |

Tauscht euch dazu aus.

B **Stoffbeutel bedrucken**

Ihr braucht:
- Stoffbeutel
- Stoffmalfarben
- Pappe
- Druckstempel
- Bügeleisen

Geht so vor:
- Legt beim Drucken Pappe in den Beutel, damit die Farbe nicht durchdrückt.
- Fixiert nach dem Trocknen die Farbe, indem ihr den Beutel von der Rückseite bügelt. Bittet Erwachsene um Hilfe.

EXPERIMENT

C **Verrottet Müll?**

Ihr braucht:
Plastiktüte, Aluminiumfolie, Apfelreste, Radiergummi, Bananenschale, Milchschachtel, Eierkarton, Zeitungspapier, Marmeladenglas, Kaugummi

Geht so vor:
- Vergrabt die Sachen im Schulgelände.
- Malt euch auf ein Blatt, was ihr wo vergraben habt. Notiert euch die Tiefe.
- Grabt die Sachen nach einem halben Jahr wieder aus.

A Eine Umfrage in der Klasse durchführen. Wünsche sammeln und zuordnen, ob sie mit oder ohne Geld zu erfüllen sind. **B** Stoffbeutel mithilfe der angegebenen Materialien selbst bedrucken. **C** Mithilfe des Experiments erkennen, dass Müll verrotten kann (zum Beispiel Biomüll) oder lange bestehen bleibt (zum Beispiel Plastiktüte).

AH S. 52 WW S. 10/11

GLOSSAR

Abteilung   S. 106
Das Angebot in einem Supermarkt oder Warenhaus ist in Abteilungen mit ähnlichen Produkten unterteilt. So kann es in einem Supermarkt die Abteilung „Obst und Gemüse" geben und in einem Warenhaus die Abteilung „Kinderbekleidung". Das vereinfacht für die Geschäfte die Organisation und für die Kunden die Suche nach bestimmten Waren.

Altsteinzeit   S. 78
Die Steinzeit umfasst einen sehr, sehr langen Zeitraum. Deshalb teilt man sie in mehrere Abschnitte ein. Die Altsteinzeit begann vor etwa 2,5 Millionen Jahren und sie endete etwa 9500 Jahre vor unserer Zeitrechnung. In dieser Zeit entwickelten sich aus den Urmenschen die sogenannten „modernen" Menschen. Sie lernten, Steine als Werkzeuge und Waffen einzusetzen und die Steine zu bearbeiten. Die Menschen lebten als Jäger und Sammler.

Architektin/Architekt   S. 56
Ein Architekt entwirft Bauwerke und berät Bauherren bei der Fertigstellung der Gebäude. Dazu muss er mit seinem Auftraggeber viele Fragen klären: Wie und von wem soll das Gebäude genutzt werden? Wie groß soll es werden und wie soll es aussehen? Wo wird es errichtet und wie teuer darf es werden? Der Architekt muss auch überlegen, welche Baustoffe verwendet werden und welche Arbeiten in welcher Reihenfolge ausgeführt werden müssen. Dann fertigt er einen Plan an.

Brauch   S. 46
In einer Gemeinschaft von Menschen gibt es oft Handlungen, die immer zu bestimmten Zeiten und auf bestimmte Weise vorgenommen werden. Beispiele sind das Entzünden eines Osterfeuers, ein Dorfumzug oder ein Kartoffelfest. Solche Bräuche machen Spaß und bringen Menschen zusammen.

Dienstleistung   S. 108
In manchen Situationen benötigt man Hilfe: Die Haare müssen geschnitten werden, das Auto ist zu reparieren oder es soll eine Urlaubsreise in ein fremdes Land gebucht werden. Es gibt Menschen, die sich auf solche Aufgaben spezialisiert haben (Friseure, Automechaniker, Angestellte im Reisebüro). Sie nehmen uns diese Arbeiten ab. Man sagt: Sie erbringen eine Dienstleistung.

GLOSSAR

Fundament   S. 56
Dort, wo ein Bauwerk errichtet werden soll, muss dafür gesorgt werden, dass der Untergrund das Gebäude auch trägt. Das Bauwerk darf sich später nicht mehr bewegen. Dafür sorgt ein Fundament. Es besteht zum Beispiel aus Steinen, Pfählen oder einer Platte.

Gelenke   S. 27
Unser Skelett, also das Knochengerüst, ist beweglich. Dafür sorgen viele Gelenke, wie zum Beispiel das Kniegelenk oder das Schultergelenk. Gelenke verbinden Knochen miteinander. Sie haben verschiedene Formen und Aufgaben, durch die unterschiedliche Bewegungen möglich sind. Es gibt diese Gelenkformen: Kugelgelenk, Eigelenk, Sattelgelenk, Scharniergelenk, Zapfengelenk.

Gemeinde   S. 73
Eine Gemeinde ist ein Ort mit einer eigenen Verwaltung.
Der Gemeinderat und der Bürgermeister entscheiden über Angelegenheiten, die die Einwohner der Gemeinde betreffen.
Eine Gemeinde kann ein Dorf sein oder eine Stadt. Es können sich auch Dörfer und Städte zu einer Gemeinde zusammenschließen.

Gewohnheit   S. 104
Wenn man eine Sache häufig oder immer wieder oder automatisch macht, dann ist es eine Gewohnheit.

Giebel   S. 57
Ein Giebel ist der obere Teil einer Hauswand zwischen den Dachseiten. Meist sieht er wie ein Dreieck aus und kann Fenster oder schöne Verzierungen haben.

Historische Quelle   S. 51
Geschichtsforscher bezeichnen alle Texte und Gegenstände, die ihnen etwas über die Vergangenheit mitteilen, als historische Quelle. Dies können alte Urkunden sein, Tagebücher, Filme, Kleidungsstücke, Münzen, Werkzeuge und vieles mehr. Aber auch Volksfeste, Sprachen und Lieder gehören dazu.

Jungsteinzeit   S. 80
Die Jungsteinzeit umfasst den Zeitraum von etwa 5.500 bis 2.200 Jahre vor unserer Zeitrechnung. Mit ihr endet die Steinzeit. Die Menschen bauten immer öfter feste Häuser und begannen, Landwirtschaft zu betreiben. Sie bearbeiteten Holz, bohrten und schliffen Steine, knüpften Netze und stellten Töpferwaren her.

GLOSSAR

Knochen S. 23
Knochen geben dem Körper Halt und schützen die inneren Organe wie Lunge, Magen und Darm. Knochen bestehen aus einem besonderen Material, das sich erneuern kann. Deshalb können gebrochene Knochen von selbst wieder heilen. Knochen haben unterschiedliche Größen und Formen. Es gibt zum Beispiel Röhrenknochen, das sind längliche Knochen wie die Arm- und Beinknochen. Andere Knochen schützen uns, zum Beispiel der Schädelknochen, der das Gehirn umgibt.

Muskeln S. 23
Damit wir uns bewegen können, brauchen wir nicht nur Gelenke, sondern auch starke Muskeln. Der Mensch hat über 600 Muskeln. Auch das Herz ist ein Muskel, der nie aufhört zu arbeiten. Die meisten Muskeln im Körper sind Skelettmuskeln. Sie sind durch Sehnen mit den Knochen verbunden. Wenn wir uns bewegen, ziehen sich unsere Skelettmuskeln zusammen und entspannen sich wieder.

Nährstoffe S. 23
Unser Körper braucht Nährstoffe, damit er wachsen und funktionieren kann. Wir nehmen die Nährstoffe mit der Nahrung auf. Zu den Nährstoffen gehören Kohlenhydrate (zum Beispiel Stärke und Zucker), Fette, Eiweiße, Ballaststoffe, Vitamine und Mineralstoffe. Lebensmittel enthalten unterschiedlich viele Mengen und Arten von Nährstoffen. So bestehen Nudeln aus vielen Kohlenhydraten. Fleisch, Fisch, Milchprodukte und Hülsenfrüchte enthalten viel Eiweiß. In Obst und Gemüse stecken viele Vitamine, aber auch Ballaststoffe und Mineralstoffe. Ballaststoffe sind unverdauliche Pflanzenbestandteile. Mineralstoffe sind Nährstoffe, die der Körper nicht selbst herstellen kann.

Öffentliche Einrichtungen S. 65
Öffentliche Einrichtungen dürfen grundsätzlich von allen Einwohnern einer Gemeinde genutzt werden. Zu den öffentlichen Einrichtungen gehören Schulen, Bibliotheken, Museen, Theater, Sportplätze oder Schwimmbäder.

GLOSSAR

Öffentliche Verkehrsmittel   S. 65
Öffentliche Verkehrsmittel dürfen grundsätzlich von allen genutzt werden. Mit ihnen werden Personen oder Güter transportiert. Oft sprechen wir von öffentlichen Verkehrsmitteln, wenn wir die Fahrzeuge des öffentlichen Personennahverkehrs meinen. Dazu gehören Linienbusse, Straßenbahnen und U-Bahnen in einem Ort. Wer diese Verkehrsmittel benutzen möchte, benötigt eine Fahrkarte oder einen Fahrausweis.

Optische Täuschung   S. 29
Manchmal täuschen uns unsere Sinne. Wir hören, spüren oder sehen etwas, was gar nicht da ist.
Der Grund ist ein Missverständnis zwischen unseren Sinnesorganen. Ein Sinnesorgan meldet Informationen, die unser Gehirn falsch deutet. Täuschungen, die das Sehen betreffen, werden optische Täuschungen genannt. Wir sehen Muster oder Farben an Stellen, wo sie gar nicht sind. Wir nehmen Bewegungen wahr, wo keine sind, oder schätzen Entfernungen falsch ein.

Organ   S. 23
Ein Organ ist ein Körperteil mit einer bestimmten Aufgabe. Menschliche Organe sind zum Beispiel die Augen. Sie gehören zu den Sinnesorganen und werden zum Sehen benötigt. Der Magen ist ein Verdauungsorgan, die Lunge ein Atmungsorgan und so weiter. Auch Tiere und Pflanzen haben Organe.

Outback   S. 11
Als Outback werden Wildnisgebiete in Australien bezeichnet, die gar nicht oder nur wenig bewohnt sind. In manchen Gebieten können keine Menschen wohnen, weil es dort zu heiß ist. In anderen Gebieten gibt es Ortschaften und Farmen. Die Bewohner versorgen sich weitgehend selbst, weil sie abgelegen von großen Städten leben.

Pfalz   S. 82
Im Mittelalter reiste ein König viel in seinem Reich herum, damit er den Kontakt zu seinen Untertanen pflegen konnte. Unterwegs brauchte er Unterkünfte, die genug Platz für ihn und für sein Gefolge boten. Deshalb gab es für den König große Gebäude an unterschiedlichen Orten, in denen er Station halten konnte. Sie wurden Pfalzen oder Königspfalzen genannt.

GLOSSAR

Qualität   S. 104
Wenn ein Produkt gute Eigenschaften hat, dann ist es von guter (oder hoher) Qualität. Es hält zum Beispiel lange oder schmeckt sehr gut oder lässt sich gut verwenden.

Rohstoff   S. 111
Rohstoffe sind unbearbeitete Stoffe, die aus der Natur kommen. Aus der unbelebten Natur kommen Bodenschätze wie Erdöl oder Eisenerz. Aus der belebten Natur kommen zum Beispiel Holz oder Wolle. Der Mensch nutzt die Rohstoffe. Er verwendet sie direkt oder bearbeitet sie zunächst. So wird aus Eisenerz Stahl hergestellt. Viele Rohstoffe gibt es nicht unbegrenzt. Irgendwann werden ihre Vorräte zu Ende gehen.

Sauerstoff   S. 22
Sauerstoff ist ein Gas und kommt in der Luft vor. Er riecht nicht, ist farblos und hat keinen Geschmack. Wir brauchen Sauerstoff, um in unseren Zellen Nährstoffe zu verbrennen und dadurch Energie zu gewinnen. Wir nehmen den Sauerstoff über die Luft auf, die wir einatmen. Beim Ausatmen geben wir außerdem Kohlenstoffdioxid ab. Dieses Gas ist ein Abfallprodukt aus verschiedenen Vorgängen in den Zellen.

Senioren   S. 68
Senioren sind ältere Menschen, zum Beispiel Menschen im Ruhestand, die nicht mehr arbeiten. Es gibt aber noch andere Bedeutungen. Wenn im Sport von einer Seniorenmannschaft gesprochen wird, so ist damit gemeint, dass die Sportler keine Jugendlichen mehr sind.

Symptome   S. 36
Ein Symptom ist ein Anzeichen für eine Krankheit. Meist gibt es mehrere solcher Anzeichen. Masern haben zum Beispiel diese Symptome: fleckiger, roter Hautausschlag, hohes Fieber, Husten und Schnupfen, gerötete und geschwollene Augen.

Tradition   S. 46
Zur Einschulung gibt es eine Schultüte, Ostern werden Eier gefärbt und am ersten April machen wir Scherze … Solche Gepflogenheiten werden Traditionen genannt. Das Wort Tradition bedeutet, dass bestimmte Dinge über viele Jahre hinweg immer wieder gemacht werden.
Es kann aber auch die Weitergabe von Wissen, Überzeugungen und Bräuchen bezeichnen.

GLOSSAR

UN-Kinderrechtskonvention S. 9
1989 verabschiedeten die Vereinten Nationen die UN-Kinderrechtskonvention. Das ist ein Dokument, in dem wichtige Rechte der Kinder stehen. Dort steht zum Beispiel, dass alle Kinder der Welt ein Recht auf Schutz haben und ein Recht auf Bildung. Fast alle Länder der Welt haben dieses Dokument unterschrieben. Allerdings kommt es immer noch vor, dass Kinderrechte nicht eingehalten werden. Das ist zum Beispiel der Fall, wenn Kinder von Krieg oder Armut betroffen sind.

Vereinte Nationen S. 9
Die Vereinten Nationen sind eine Organisation, dem fast alle Staaten der Welt angehören. Sie wird auch UN genannt, das ist die Abkürzung für United Nations. Die UN wurden 1945 gegründet. Wenige Monate zuvor war der Zweite Weltkrieg zu Ende gegangen. Die UN setzte sich zum Ziel, zukünftig den Frieden zu sichern und die Rechte der Menschen zu schützen. Das Bündnis setzt sich für gute Beziehungen zwischen den Staaten ein und vermittelt bei Konflikten. Von den UN stammt auch die UN-Kinderrechtskonvention.

Warengruppe S. 106
Waren, die ähnlich sind, werden als Warengruppen bezeichnet, zum Beispiel Süßwaren oder Getränke.

Werksfeuerwehr S. 70
Einige große Unternehmen haben eine eigene Werksfeuerwehr, die dort für die Brandbekämpfung zuständig ist. Die Werksfeuerwehr ist besonders ausgestattet und besonders ausgebildet. Je nachdem, welche Gefahren und Anforderungen bestehen. Eine Flughafenfeuerwehr muss zum Beispiel brennende Flugzeuge löschen können und bei einer Chemiefabrik müssen sich die Feuerwehrleute besonders gut mit den verschiedenen Chemikalien auskennen.

Zelle S. 22
Der Körper besteht aus Billionen von Zellen. Sie sind so klein, dass man sie nur unter dem Mikroskop erkennen kann. Wenn wir etwas essen oder trinken, nehmen die Zellen Nährstoffe auf. Diese werden über das Blut in die Zellen transportiert. Zellen liefern uns alles, was wir zum Leben brauchen. Sie erzeugen Energie, sodass der Körper zum Beispiel wachsen kann. Es entstehen immer wieder neue Zellen. Sie ermöglichen Heilung bei vielen Krankheiten oder Verletzungen. Alte Zellen sterben ab.

Text- und Bildquellenverzeichnis

Text

S. 55 James Krüss: Wie wohnen die Kinder der Erde? In: Alle Kinder dieser Erde. Lentz Verlag, München 1979

Illustrationen

Cornelsen/Yaroslav Schwarzstein

Cornelsen/Uta Bettzieche: Detektiv und Hund, Kapitelvignetten, S. 3/1. + 2.o.l.u.r., S. 3/u.l.; Cornelsen/Eleonore Gerhaher: Kapitelvignetten, S. 3/3.v.o.l.u.r. + u.r. S. 4/o.; Cornelsen/Gabriele Heinisch: S. 26/o.r., S. 54, S. 62/o.; Cornelsen/Katharina Knebel: S. 26/u.r.; Cornelsen/Hans Wunderlich: S. 34/l.

Karten

Cornelsen/PETER KAST · Ing.-Büro für Kartographie, Wismar: S. 67;

Fotos

S. 5/o.: Shutterstock.com/Monkey Business Images; S. 11/m.: akg-images/UIG; S. 11/o.: mauritius images/Caia Image; S. 11/u.: Imago Stock & People GmbH/CFOTO; S. 13/o.: stock.adobe.com/Rawpixel.com; S. 18/l.: mauritius images/Johnér; S. 18/r.: stock.adobe.com/svetabezu; S. 21/o.: Shutterstock.com/Deyan Georgiev; S. 25/u.l.: stock.adobe.com/egorxfi; S. 25/u.r.: stock.adobe.com/iuliia_n; S. 30/Brille: stock.adobe.com/Cloudy Design; S. 30/Fernglas: stock.adobe.com/Myroslava; S. 30/Lupe: Shutterstock.com/PrimeMockup; S. 30/Mikroskop: stock.adobe.com/VRD; S. 30/o.: Shutterstock.com/Peter Kotoff; S. 30/u.r.: stock.adobe.com/Alexandr Blinov; S. 31/m.l.: yourphototoday/phanie/Bildportal/DJV/DJV-Bildportal; S. 31/o.l.: bpk/adoc-photos; S. 34/m.r.: stock.adobe.com/Whyona; S. 34/o.r.: Shutterstock.com/Tushchakorn; S. 34/u.r.: Shutterstock.com/Kassaraporn; S. 35/o.: stock.adobe.com/Robert Kneschke; S. 42/m.m.: stock.adobe.com/kmiragaya; S. 42/m.r.: stock.adobe.com/mikemols; S. 43/o.: stock.adobe.com/jackfrog; S. 46/o.l.: stock.adobe.com/Monkey Business; S. 46/o.r.: mauritius images/Johnér; S. 46/u.l.: stock.adobe.com/Miljan Živković; S. 46/u.r.: dpa Picture-Alliance/AnnaStills; S. 48/m.: Shutterstock.com/Altrendo Images; S. 48/o.: mauritius images/Alamy Stock Photos; S. 48/u.: stock.adobe.com/Maxim Borbut; S. 49/2.v.u.r.: stock.adobe.com/EvgeniiasArt; S. 49/o.l.: Shutterstock.com/Cantador; S. 49/o.r.: Shutterstock.com/M_Agency; S. 49/u.r.: stock.adobe.com/ritablue; S. 50/2.v.o.r.: Imago Stock & People GmbH/Arkivi; S. 50/m.l.: Shutterstock.com/cosma; S. 50/m.r.: stock.adobe.com/Odem1970; S. 50/o.l.: Shutterstock.com/Alex Gukalov; S. 50/o.m.: Shutterstock.com/MustafaNC; S. 50/u.l.: stock.adobe.com/Eléonore H; S. 50/u.m.: stock.adobe.com/Solaris; S. 50/u.r.: stock.adobe.com/zaikina; S. 51: stock.adobe.com/Udo Kruse; S. 53/o.: mauritius images/Val Thoermer; S. 55: mauritius images/Westend61; S. 58/m.: stock.adobe.com/Andrey Popov; S. 58/o.: stock.adobe.com/Arpad Nagy-Bagoly; S. 58/u.: stock.adobe.com/bigshotd3; S. 59/m.: stock.adobe.com/mitifoto; S. 59/o.: stock.adobe.com/Kadmy; S. 59/u.: stock.adobe.com/Kzenon; S. 62/m.l.: Shutterstock.com/Mister_Knight; S. 62/m.r.: Shutterstock.com/reisezielinfo; S. 62/u.: mauritius images/Alamy Stock Photo/Arcaid Images; S. 63/o.: lookphotos/robertharding; S. 65/u.l.: Imago Stock & People GmbH/Jürgen Ritter; S. 65/u.r.: Imago Stock & People GmbH/Zoonar; S. 68/m.: Imago Stock & People GmbH; S. 68/o.: IMAGO/Zoonar; S. 69/m.: IMAGO/Schöning; S. 69/o.: Imago Stock & People GmbH/Zoonar II; S. 69/u.: IMAGO/Zoonar; S. 77/o.: stock.adobe.com/André Franke; S. 82/u.: Imago Stock & People GmbH/imagebroker; S. 87/o.: stock.adobe.com/JackF; S. 88/m.l.: Shutterstock.com/5PH; S. 88/m.r.: Shutterstock.com/nelea33; S. 88/o.l.: Shutterstock.com/Zadorozhna Natalia; S. 88/o.r.: Shutterstock.com/Drozdowski; S. 89/o.l.: Shutterstock.com/Vaclav Volrab; S. 90/1: Shutterstock.com/Lotus Images; S. 90/10: Shutterstock.com/Palokha Tetiana; S. 90/11: Shutterstock.com/Timmary; S. 90/12: Shutterstock.com/Tim UR; S. 90/13: Shutterstock.com/Olga Danylenko; S. 90/14: Shutterstock.com/Maks Narodenko; S. 90/15: Shutterstock.com/Eivaisla; S. 90/16: Shutterstock.com/topseller; S. 90/17: Shutterstock.com/optimarc; S. 90/18: Shutterstock.com/Maceofoto; S. 90/19: Shutterstock.com/Binh Thanh Bui; S. 90/2: Shutterstock.com/Viktar Malyshchyts; S. 90/20: Shutterstock.com/SiberianLena; S. 90/21: Shutterstock.com/cristi180884; S. 90/22: stock.adobe.com/dima_pics; S. 90/3: Shutterstock.com/Egor Rodynchenko; S. 90/4: Shutterstock.com/Evikka; S. 90/5: Shutterstock.com/Nik Merkulov; S. 90/6+7: Shutterstock.com/Nattika; S. 90/8: Shutterstock.com/Anna Kucherova; S. 90/9: Shutterstock.com/Food Impressions; S. 92/l.: Cornelsen/Christiane Schleifenbaum; S. 93/o.l.: Shutterstock.com/Adrian Luca; S. 93/o.r.: Shutterstock.com/Vladimir Kachanov; S. 96/l.: Shutterstock.com/thieury; S. 96/r.: Juniors/Biosphoto; S. 97/u.l.: Franziska Becker, Berlin; S. 101/o.: Cornelsen/Daniel Meyer; S. 104/o.: Cornelsen/Daniel Meyer; S. 106: Cornelsen/Daniel Meyer; S. 107: Cornelsen/Daniel Meyer

Für Lehrkräfte: Übersicht zur Rahmenlehrplanpassung und Farberläuterung

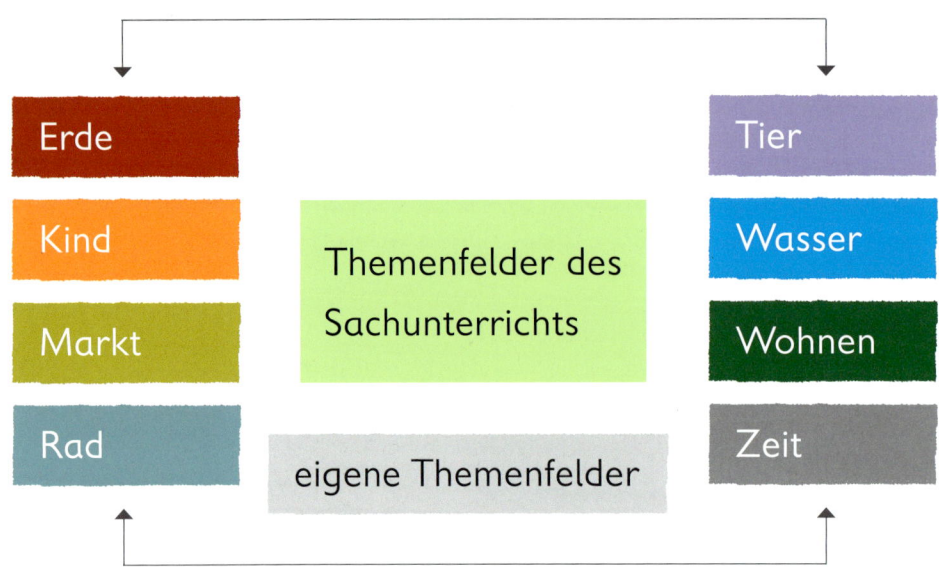

Themenfeld	Themen	Seiten im Schulbuch
Kind	Wie leben Kinder? (Kinder als Teil der Familie und als Individuum)	11, 43–52, (55, 68–69 Wohnen)
	Wie funktioniert unser Körper?	21–42
	Was ist für unser Zusammenleben wichtig? (Beziehungen leben und gestalten)	5–7, 12, (60–61, 72–76 Wohnen)
	Welche Rechte haben Kinder? (Kinder als Teil der Gesellschaft)	5–12, (72–73, 76 Wohnen)
	Womit kennen wir uns aus?	5, 13–20, (63–67, 74–75 Wohnen)
	Wie lebten Kinder früher? (fakultativ)	50–52
Übergreifende Themen	Bildung zur Akzeptanz von Vielfalt (Diversity), Demokratiebildung, Gesundheitsförderung, Gewaltprävention, Interkulturelle Bildung und Erziehung	
Wohnen	Wie und wo wohnen und leben wir?	53–55, 60–61, 68–69
	Wie wohnten Menschen früher?	77–86
	Wie baut man ein Haus?	56–59, 62
	Wie wohnen andere Menschen bei uns und Menschen anderswo? (Vielfalt)	53, 55, 68–69
	Wer lebt hier wie? Wovon leben die Menschen? (Gesellschaft, Wirtschaft und Politik)	54–61, 63–73 (87–88, 93, 97–99, 101–109 Markt)
	Was kann man hier unternehmen? (Sport, Freizeit, Kultur und Engagement)	63–65, 70–76